涉外培训教材系列丛书

中国棉花产业概况

ZHONGGUO MIANHUA CHANYE GAIKUANG

农业农村部国际交流服务中心　编著

中国农业出版社
北　京

图书在版编目（CIP）数据

中国棉花产业概况 / 农业农村部国际交流服务中心编著．—北京：中国农业出版社，2021.10
ISBN 978-7-109-28847-8

Ⅰ.①中…　Ⅱ.①农…　Ⅲ.①棉花—产业发展—概况—中国　Ⅳ.①F326.12

中国版本图书馆 CIP 数据核字（2021）第 215198 号

中国农业出版社出版
地址：北京市朝阳区麦子店街 18 号楼
邮编：100125
责任编辑：郑　君　　文字编辑：戈晓伟
版式设计：王　晨　　责任校对：沙凯霖
印刷：北京科印技术咨询服务有限公司
版次：2021 年 10 月第 1 版
印次：2021 年 10 月北京第 1 次印刷
发行：新华书店北京发行所
开本：889mm×1194mm　1/32
印张：5.25
字数：105 千字
定价：39.00 元

前　言

棉花是全球重要的大宗农产品、大田经济作物和纺织工业原料。据估计，棉花产业涉及全球人口高达30多亿，是一个产业链条极长、产业之间的关联度极高、贸易度和依存度都极高的“三高”大产业。

全书共六章，第一章到第六章分别为：中国棉花生产发展，全球棉花生产、消费和贸易，棉花育种与栽培管理技术，中国棉花流通、加工、标准、检验与管理服务，中国棉花消费和贸易，中国棉花产业特点与人类农业文明发展的启示。附录为中国部分传统农具和现代中小型农机具图片。这样的结构和布局更加清晰，力图全面并有重点地介绍中国棉花产业发展的重要过程和现状，以及主要产业知识和具有借鉴作用的经验和做法。

因时间和水平有限，如有疏漏错误之处，敬请批评指正。

编委会

2020年6月30日

目　　录

第一章　中国棉花生产发展

1949年中华人民共和国诞生以来，中国棉花生产取得了长足进步，成就辉煌，有效解决了人口大国所需的纺织品原料。如今，中国纺织品丰富多彩，消费者衣着靓丽，年均纺织品消费量20kg/人，达到了中等发达国家的消费水平。由于我国具有较强的纺织加工能力，在满足国内需求的同时，还“衣被天下”，温暖全球。

第一节　棉花生产发展动态

一、棉花总产量发展动态

2018年全国棉花总产609.6万t，比1949年增长了12.7倍，比1978年增长了1.8倍，比1980年增长了1.3倍（图1-1）。1949—2018年，全国棉花总产年均增长9.0万t，年均增长率3.87%。在这70年的时间里总产增长的特点如下。

第一个时期30年（20世纪50年代初至70年代末），全国棉花总产从第一个10年的135.3万t增长到第三个10年的222.2万t，增长了64.2%。这个时期国内棉花处于供不

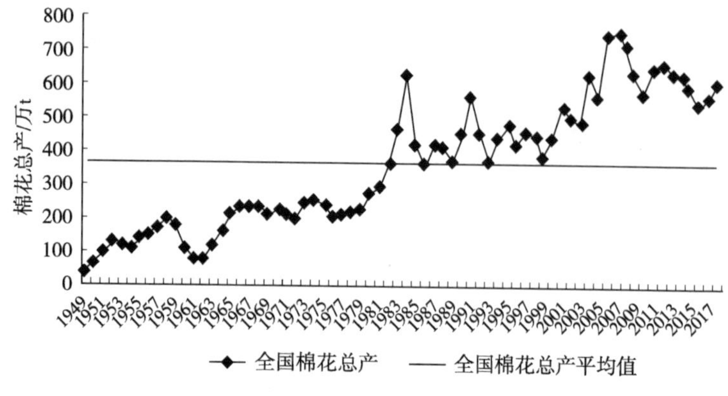

图 1-1　1949—2018 年中国棉花总产变化

（数据来源：中国农业科学院棉花研究所，2019）

应求状态。

第二个时期 20 年（20 世纪 80 年代初至 90 年代末），是全国棉花总量增长较快和供需大致平衡时期。这 20 年平均总产 423.7 万 t，比前 30 年增长 138.0%。其中，20 世纪80 年代是全国棉花的第一个黄金期。这 10 年平均总产 400.4 万 t，比 70 年代增长 80.2%。其中，1984 年总产创历史上第一个高点，达到 625.8 万 t，占当年全球总产的1/3。20 世纪 90 年代是全国棉花生产的第一个调整期。这 10 年平均总产 446.7 万 t，比 80 年代仅增长 11.6%。其中，1991 年达到 567.5 万 t。1949—2018 年全国棉花总产平均值为 365 万 t。

第三个时期（21 世纪头 18 年），是我国棉花总产和需求从高速增长到需求减少和总产相对过剩时期。这一时期大致可分为 2 个阶段：第一阶段，2000—2009 年，是全国棉花的第二个黄金期——生产旺盛、消费旺盛和进口旺盛。这 10 年平均总产 601.5 万 t，比 20 世纪 90 年代增长 34.7%。

其中，2006—2008年连续3年总产突破700万t，分别达到753.5万t、759.7万t和723.2万t，也是棉纺织工业用棉的“黄金10年”——用棉量自2006年突破“千万t级”之后持续了4年。第二阶段是全国棉花生产的第二个调整期。2010—2018年，全国棉花总产从2011年的651.9万t减少到2018年的609.6万t。

二、棉花播种面积发展动态

2018年全国棉花播种面积335.2万hm^2，比1949年增长21.0%。1949—2018年，全国棉花平均播种面积491.4万hm^2；1950—2018年平均值494.5万hm^2；播种面积波动大，年际增减高达67万hm^2（图1-2）。在这70年时间里播种面积变化的特点如下。

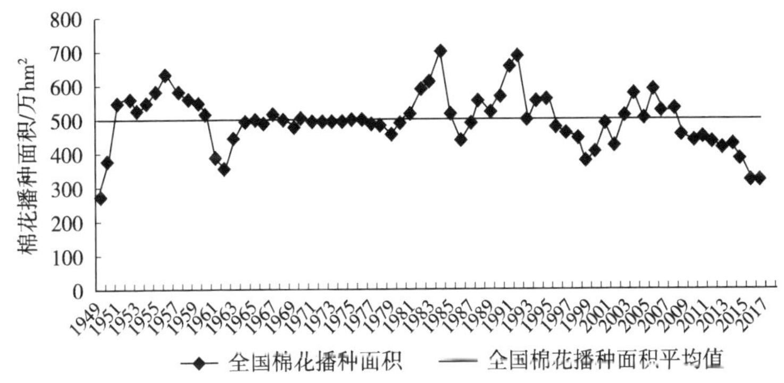

图1-2 1949—2018年中国棉花播种面积变化

（数据来源，中国农业科学院棉花研究所，2019）

第一个时期30年（20世纪50年代初至70年代末），为播种面积相对较少时期。这30年平均植棉面积为

500.1 万 hm^2，以 50 年代的面积最大，达到 543.6 万 hm^2；60 年代的面积最小，为 467.8 万 hm^2，1961—1963 年为三年困难时期，1962 年全国植棉播种面积缩减至 350.0 万 hm^2，是这 70 年时间里面积较少的年份之一。

第二个时期 20 年（20 世纪 80 年代初至 90 年代末），为播种面积扩大时期。期间年平均植棉 531.4 万 hm^2，比前 30 年增长 6.3%，其中 1984 年 692.3 万 hm^2，为 1949—2018 年最大面积；1991 年和 1992 年分别达到 654.0 万 hm^2 和 683.5 万 hm^2，为 1949—2018 年的第三、第二大面积。

第三个时期近 18 年，为播种面积持续减少时期。大致分 2 个阶段：第一个阶段，2000—2009 年，棉花平均播种面积 496.8 万 hm^2，比 20 世纪 80 年代初至 90 年代末减少 6.5%，实际播种面积基本持平。其中 2006 年达到 581.6 万 hm^2，为 1949—2018 年的第四大面积。第二个阶段，2010—2018 年，棉花平均播种面积减少到 390.1 万 hm^2，是这 70 年之中的最少阶段，其中 2016—2018 年分别为 319.8 万 hm^2、319.5 万 hm^2 和 335.2 万 hm^2，是这70 年中面积比 1962 年还少的年份。面积减少主要是受进口冲击和消费减少等因素影响。需要说明的是，2011—2018 年实际播种面积比统计面积大 10%左右，2011—2013 年西北内陆新疆“帮忙田”面积很大。然而，长江流域和黄河流域棉花播种面积的确在减少。

三、棉花单产发展动态

1949—2018 年，全国皮棉单产从 161kg/hm^2 提高到

1 818kg/hm^2（图 1 - 3），增长了 10.3 倍，年均增长 24.01kg/hm^2，年均增长率为 3.58%；1950—2018 年全国皮棉单产平均为 765kg/hm^2；1978—2018 年，年均增长 29.20kg/hm^2，年均增长率为 3.67%；1980—2018 年年均增长 29.06kg/hm^2，年均增长率为 3.20%。在这 70 年时间里，棉花单产增长特点如下。

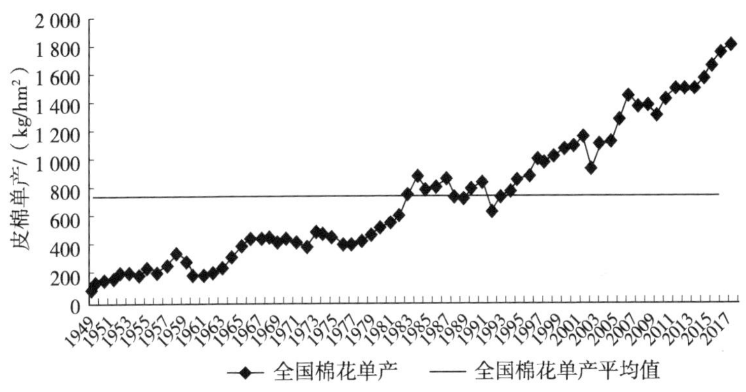

图 1 - 3　1949—2018 年中国棉花单产变化

（数据来源：中国农业科学院棉花研究所，2019）

第一个时期 30 年（20 世纪 50 年代初至 70 年代末），为单产缓慢增长期。这 30 年皮棉单产平均为 350kg/hm^2，每 10 年约增 100kg/hm^2，年均增长 10kg/hm^2。

第二个时期 20 年（20 世纪 80 年代初至 90 年代末），为单产快速增长期。这 20 年皮棉单产平均 801kg/hm^2，比前 30 年增长 128.9%。这 20 年全国棉花单产水平增长加快：80 年代比 70 年代增长 287kg/hm^2，年均增长 28.7kg/hm^2；90 年代比 80 年代增长 128kg/hm^2，年均增长 12.8kg/hm^2。其中，1983 年全国皮棉单产达到 762kg/hm^2（即当时的百斤[①]高产目标），实现了老一辈党和国家领导人的愿景。

第三个时期近18年，为单产持续高速增长期。2000—2009年，全国皮棉单产平均达到1 190kg/hm²，比前10年平均值增长36.8%。2010—2018年，全国皮棉单产仍保持较快增长，平均为1 518kg/hm²，比前10年增长27.6%。进入21世纪，全国棉花单产大幅增长，与棉区西移、新疆棉花播种面积比例大紧密相关。由于面积在总量很大的基础上有所减少，单产的提高对总产增长的贡献率超过了100%。单产水平高是我国棉花赢得国际竞争力的最主要因素。

四、生产发展的贡献

1. 跻身世界先进植棉大国的行列 1983年是全国棉花历史性的一年。这一年全国皮棉单产达到762kg/hm²（每666.7m² 50.8kg），总产达463.7万t，比丰收的1982年增产103.8万t，增幅高达28.8%，这是我国跻身全球先进植棉大国行列的标志。1983—2015年，我国在全球第一大产棉国的位置上保持了33年，历史意义极其深远。

2. 衣着丰富靓丽，达到中等发达国家消费水平 中华人民共和国成立70多年来，我国居民人均原棉占有量不断增长，从1949年人均约0.8kg提高到2018年4.4kg，增长了4.5倍；居民纺织品服装人均表观消费量从1949年的2.3kg/年增长到2018年的20kg/年，其中，1983年取消了自1954年实行的长达31年的布票管制。从此步入衣着丰富

① 斤为非法定计量单位，1斤=0.5kg。——编者注

靓丽的新时代，居民人均纺织品服装消费为20kg/年，已达到中等发达国家的消费水平。

3. “衣被天下”，温暖全球 20世纪50年代初至70年代末，棉纺织品服装是我国换取外汇的主要工业品，为解决那时国家的外汇短缺做出了重大贡献。改革开放以来，我国棉制品及棉制服装出口“十分天下占其四”；自2001年加入世界贸易组织以来，我国棉制品及棉制服装出口“十分天下占其三”。纺织品服装出口额从2000年的522亿美元增长到2017年2 669.5亿美元，增长了4.1倍，年均增长率达到10.08%。其中，2014年纺织品服装出口额创2 984.9亿美元的新纪录。2002—2017年，棉制品及棉制服装出口额占整个纺织品服装的比例在28.9%～41%，平均值为35%，其中2014年出口额首次突破千亿美元级，达到1 015亿美元，也创新高。

五、棉花品质全面改善

棉花遗传品质、生产（栽培）品质和初级加工（轧花）质量不断提高，以满足纺织工业不断增长的新需求。

1. 棉属种更换 20世纪50年代，陆地棉全面取代中棉（又称亚洲棉），海岛棉也有一定种植面积。陆地棉在提高单产的同时，纤维品质得到全面改进，其中纤维长度从50年代的20mm左右提高到如今的30mm，改良效果显著。

2. 遗传品质 中国棉花主要纤维遗传品质的改良效果明显，如今纤维长度和强度进入了双“三零”时代。与20世纪90年代相比，21世纪头10年全国纤维比强度提高了

0.2～6.2cN/tex，达到 29.6～31.5cN/tex，增长幅度为 0.7%～24.5%，改良效果最为显著。纤维长度延长了0～1.7mm，达到 29.9～30.6mm，增幅 0～5.9%，改良效果次之。

3. 生产品质 霜前花率因广泛应用育苗移栽、地膜覆盖和化学调控等先进技术得到明显提高，西北内陆棉区的纤维含糖量也因地膜覆盖和宽膜覆盖促进早发早熟得到较好解决。然而，铃疫病和烂铃问题因生态区和气候变化由南向北转移至华北平原。

4. 有害杂物 籽棉和皮棉中“三丝”（外来有害杂物：化纤丝、毛发类、羽绒类等）对棉花品质的负面影响则有所扩大。

5. 轧花品质 轧花自动化加工设备有效提升纤维加工的品质，纤维长度损害最低，加工中索丝得到有效控制。

六、棉花生产发展经验

总结中华人民共和国成立 70 多年以来棉花生产的辉煌成就，取得的成功经验有以下几点：一是党和国家始终把保障棉花有效供给作为头等大事来抓，这是中国棉花取得辉煌成就的根本保证；二是“四依靠”和“两发展”——依靠党的领导、依靠增加投入、依靠科学种田、依靠人民的勤劳和发展现代农业、发展绿色可持续植棉业；三是中国走出了适合人多地少这一国情的棉花发展道路，创造了具有中国特色的高产优质高效的棉花发展模式。事实证明，这是适合中国国情的发展道路和发展模式。发展棉花生产为提高人民生活水平，为国家富起来做出了巨大贡献。

七、中国棉花的国际地位

中国是全球棉花生产大国。棉花总产占全球的25%，最高年份占全球比重高达30%，业已成为全球棉花总产量最大的国家。中国棉花单产水平比全球平均水平高70%，位居全球产棉大国（除中国外还有印度、美国、巴基斯坦、乌兹别克斯坦）首位。中国棉花播种面积占全球的15%，仅次于印度（占全球的27%），位居全球第二。整体上，中国棉花品质位居全球的中等水平。

第二节　中国棉花种植区域

一、棉花种植区域划分

中国适于植棉的地域十分辽阔。棉区大致分布在18°N—46°N，73°E—125°E，全国除黑龙江、青海和西藏不能种植以外，其他28个省份都有棉花种植。

根据植棉地区的自然生态条件和棉花生产特点，全国棉花种植区域划分为5个生态区，由南到北到西，依次是华南棉区、长江流域棉区、黄河流域棉区、辽河流域棉区和西北内陆棉区。

按照热量资源划分，中国棉花产区分布在东部季风区和西北内陆干旱区。由北至南分属中温带、南温带、北亚热带、中亚热带、南亚热带和北热带的6个气候带。

中国棉区热量资源差异极大，自西向东向南年≥10℃活动积温3 100～9 400℃，≥15℃活动积温2 500～7 000℃。

自西向东无霜（冻）期 150～365d，年降水量 50～2 000mm，年日照时数 3 400～1 400h。

根据光温水特点，中国主要种植陆地棉，少量种植海岛棉。陆地棉按品种熟性分为中熟、早中熟、早熟和特早熟几个类型。棉区种植制度分为一年两熟、一年多熟和一年一熟。全国棉花当年播种当年收获，为典型的"春种秋收"，播种期集中在 4 月，收获期 9—10 月，全生育期210 天。在西北内陆棉区，南疆塔里木盆地和东疆吐鲁番盆地可以种植海岛棉。

二、棉花种植区域简介

由于华南棉区和辽河流域棉区已没有商品棉生产，本节重点介绍长江流域棉区、黄河流域棉区和西北内陆棉区。

（一）长江流域棉区

长江流域棉区是全国三大主产区之一。21 世纪前10 年，棉花播种面积占全国的 20%～25%，总产占全国的 18%～20%，皮棉单产 1 196kg/hm^2。然而，近几年棉田面积不断缩减，仅占全国的 15%。

长江流域棉区包括四川、湖南、湖北、江苏、浙江全省，及安徽淮河以南、河南南阳盆地等。长江流域棉区地处中亚热带至北亚热带的湿润区，热量充足，雨水丰沛，土壤肥力高，限制因素少，唯独日照条件差。≥10℃活动积温 4 600～5 900℃，持续有效天数 220～300d，年日照时数1 000～2 100h，年平均日照率 30%～55%，年降水量1 000～1 600mm。

长江流域棉区棉田土壤类型有水稻土、潮土、红壤和盐土等。土壤肥力中上等。沿江、沿湖和沿海冲积平原，土层深厚，养分丰富，保水保肥能力强，有利于棉花夺高产。但普遍缺硼和缺钾。沿江丘陵土壤耕层浅，有机质含量低，保水保肥能力差，棉花易前期早发，后期早衰。因此，要合理密植，依靠群体夺高产。滨海盐碱地普遍缺磷。长江流域棉区棉田实行厢沟、腰沟、围沟和排水沟“四沟”相配套，畦或垄作抬高田面，便于排水和灌溉。

长江流域棉区棉田两熟和多熟种植。前作以油菜和小麦为主，也有大麦、蚕豆、大蒜和洋葱等。棉花以育苗移栽为主，也有地膜覆盖，以及育苗移栽加大田地膜覆盖，棉田两熟多熟采用套种，油菜、棉花都采用育苗移栽方法，形成油棉两熟双育苗双移栽或麦田套棉的套栽模式。近几年，正在研究油菜收获后棉花直接播种的轻简栽培技术，但品种的早熟性和机械化播种等没有得到有效解决。

长江流域划分为长江上游、长江中游、长江下游和南襄盆地 4 个亚区。

（二）黄河流域棉区

黄河流域棉区是全国三大主产区之一。21 世纪头10 年，棉花播种面积占全国的 30%～35%，总产占全国的 22%～30%，皮棉单产 1 176kg/hm^2。然而，近几年棉田面积不断缩减，仅占全国的 10%左右。

黄河流域棉区包括山东、河北、天津、山西、陕西、河南大部、安徽淮河以北地区。黄河流域棉区位于长江流域棉区以北，东起黄海、渤海，西与内蒙古中西部、蒙古国毗邻，南起淮河和苏北灌渠总渠以北，北至山海关。黄河流域棉区东低西高，海拔高度50～1 000m不等。

黄河流域棉区地处南温带的半湿润季风气候区。西部高原为荒漠和半干旱气候区。主要气候特点：东部无霜期180～230d，西部140～170d。东部≥10℃活动积温4 000～4 600℃，西部2 600～3 300℃。东部≥15℃活动积温3 500～4 100℃，西部2 600℃上下。东部年降水量500～1 000mm，但布局不均，春季干旱少雨，旱涝并发。西部年降水量250～400mm，依靠灌溉植棉。年日照时数2 200～3 000h，年平均日照率50%～65%。

黄淮平原和华北平原南部为一年两熟制，东北部和滨海为一年一熟制，因此，黄河流域棉区为棉花一年一熟和棉麦一年两熟制并重，还是我国农业的一熟、两熟制过渡区。两熟采用麦田套种或套栽棉花，棉花采用育苗移栽或地膜覆盖。一熟棉田多为盐碱旱地，采用地膜覆盖栽培。

黄河流域棉区划分为淮北平原、华北平原、黄土高原和特早熟4个亚区。

（三）西北内陆棉区

西部内陆棉区是全国三大主产区之一。21世纪头10年，棉花播种面积占全国的40%～45%，总产占全国的55%～65%，皮棉单产1 920kg/hm^2。近几年随着“目标价格”的实施，棉田面积不断扩大，播种面积占全国的76.7%，总产占全国85.5%。其中新疆的种植面积占全国的76.0%，总产占全国的84.9%（2019年）。

西北内陆棉区包括新疆全部、甘肃河西走廊和内蒙古西北部，其中新疆又分新疆地方和新疆生产建设兵团。

西北内陆棉区位于西部，东起甘肃以西，至内蒙古西端与蒙古国毗邻，西北与中亚细亚接壤，地处亚洲内陆腹地，被祁连山、阿尔金山、昆仑山、帕米尔高原、天山和阿尔泰山所环绕。亦即六盘山以西、昆仑山和祁连山以北、阴山以西、准噶尔盆地北部的广阔地区。宜棉区位于东经 76°—98°，北纬 35°5′—44°5′，东西长 1 600km，南北宽 900km 以上，包括新疆吐鲁番盆地、塔里木盆地、准噶尔盆地西南和伊犁河谷，以及甘肃河西走廊与内蒙古腾格里沙漠和巴丹吉林沙漠周缘的绿洲。

西北内陆棉区位于南温带及中温带的大陆性干旱气候区。范围广阔，气候资源差异极大。海拔高度相差 1 500m，无霜冻期 170～230d，相差 60d 以上。年均温度 11～12℃，4—10 月平均温度 17.5～20.1℃。≥10℃活动积温2 900～5 500℃，≥15℃ 活动积温 2 500～5 300℃。年降雨量 250mm 以下，气候干旱，年均相对湿度 41%～64%，年蒸发量 1 600～3 400mm。日照充足，年日照时数 2 600～3 400h；昼夜温差大，一般为 12～16℃。春季气温回升不稳，秋季气温陡降。

西北内陆棉区划分为河西走廊、东疆、北疆和南疆 4 个亚区。

新疆地处亚欧大陆的中部，位于中国的西北边陲，跨东经 73°40′—96°23′，北纬 34°25′—49°10′，总面积166 万 km^2，占中国国土面积的 1/6。习惯上，横亘新疆中部的天山把新疆分为南疆、北疆、东疆三部分。相应划分为南疆、北疆和东疆 3 个亚区。

新疆棉区位于塔里木盆地、准噶尔盆地、吐鲁番盆地和哈密盆地周缘的绿洲，总体上南疆、东疆为暖温带气候区，北疆为中温带气候区。

新疆光照资源非常丰富，热量条件可完全满足早熟、中早熟棉花生长发育所需。新疆棉区年降水量 15～380mm；绿洲空气和地表极为干燥，年蒸发量 1 600～3 100mm，年干燥度>3.5；年均相对湿度 41%～64%，夏季绿洲白天气温极高，作物蒸腾量大，昼夜温差极大，呈现绿洲农业的典型特征。

新疆年均水资源总量为 832 亿 m^3，其中地表水资源 789 亿m^3，水源主要来自天山和昆仑山。新疆有河流 570 多条，南疆较大河流有塔里木河、开都河和孔雀河等，北疆较大河流有伊犁河、额尔齐斯河、玛纳斯河和奎屯河。

新疆是绿洲农业，依靠灌溉植棉，没有人工灌溉就没有棉花种植。经过几十年的发展，特别是近十多年的快速发展，形成绿洲“密矮早膜”的现代植棉技术体系。

（四）当前棉花种植呈带状分布

如今，全国棉花呈现四个集中种植带：一是长江中游集中带，包括洞庭湖、江汉平原、安徽沿江、江西鄱阳湖和沿江两岸，以及南襄盆地，棉田面积 120 万～130 万 hm^2；二是沿海集中带，包括苏北、黄河三角洲、环渤海和河北黑龙港，棉田面积 170 万～180 万 hm^2，且该集中带棉田继续向渤海、黄海和东海的盐碱地集中，分布在沿海岸线向内陆 200～300km；三是环塔里木盆地的南疆集中带，棉田面积约 150 万 hm^2；四是沿天山北坡和准噶尔盆地南缘的北疆集中带，棉田面积约 100 万 hm^2；位于吐鲁番盆地和哈密盆地的东疆，棉田面积大约 6.7 万 hm^2。

第三节　当前棉花种植省份

全国产棉省份有 20 多个：新疆、山东、河北、湖北、河南、安徽、江苏、湖南、江西、浙江、四川、天津、山西、陕西、甘肃、内蒙古、辽宁、吉林、北京、重庆、上海、贵州、云南和海南。

一、总产排序

2019 年全国皮棉总产为 588.9 万 t。各省份总产占全国比重的排序：新疆排第一，占全国总产的 84.9%；河北排第二，占全国总产的 3.9%；山东排第三，占全国总产的 3.4%；湖北排第四，占全国总产的 2.4%；等等（图 1-4）。

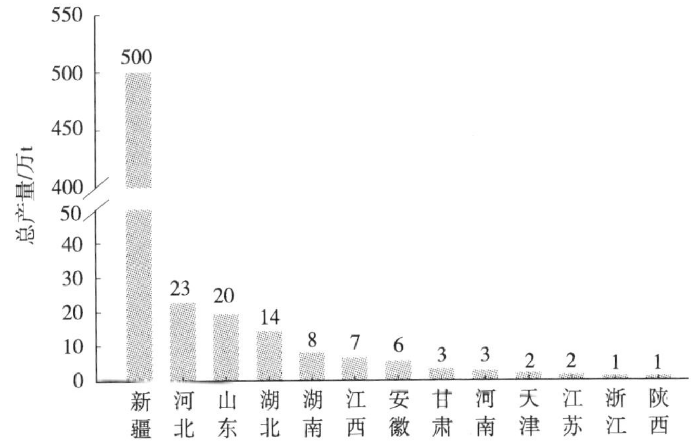

图 1-4　2019 年全国产棉省份棉花总产在全国的位置

（数据来源：国家统计局，新疆实际产量比统计产量高 15%左右）

二、播种面积排序

2019年全国棉花播种面积333.9万hm^2。新疆是全国最大的产棉省份，占全国播种面积比例高达76.1%，其次是河北，占全国播种面积的6.1%；第三是山东，占全国播种面积的5.1%。第四是湖北，占全国播种面积的4.9%。其他还有安徽、湖南、河南、江西、江苏、天津、甘肃、陕西和山西等。新疆分新疆地方和新疆生产建设兵团两个组成部分，新疆地方的面积和总产位居全国第一；新疆生产建设兵团的单产位居全国第一，面积和总产位居全国第二（图1-5）。

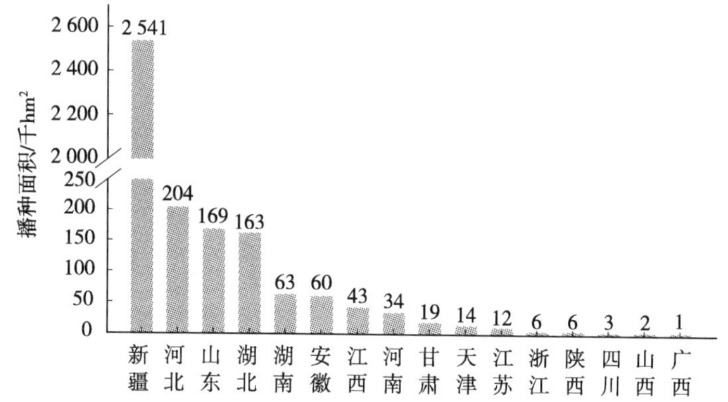

图1-5　2019年全国产棉省份植棉面积在全国的位置

（数据来源：国家统计局）

三、单产排序

2019年全国皮棉单产1 763.7kg/hm^2。各省份棉花单产在全国的位置：新疆单产水平最高，排第一，比全国平均水平高 11.6%；甘肃排第二，比全国平均水平低 4.2%；江西排第三，比全国平均水平低 12.3%；浙江排第四，比全国平均水平低 17.5%；陕西排第五，比全国平均水平低 20.6%；等等（图 1-6）。

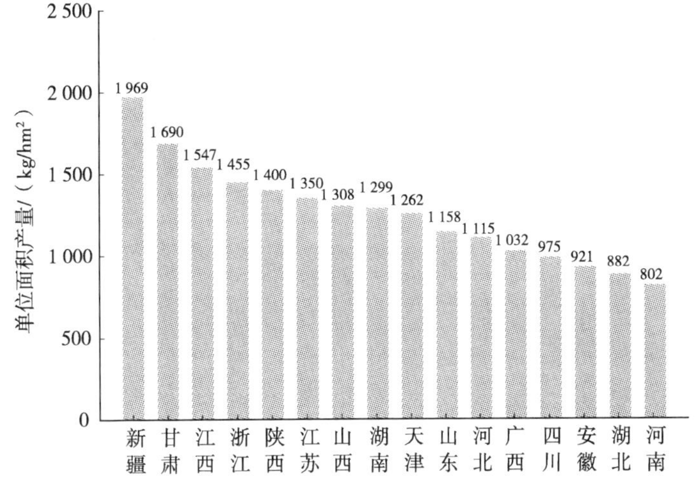

图 1-6　2019 年全国产棉省份棉花单产在全国的位置

（数据来源：国家统计局）

第二章　全球棉花生产、消费和贸易

棉花纤维是一种天然的植物纤维，由棉花种子的表皮细胞突起，经过伸长形成一定长度的纤维，具有柔软、吸湿、透气和结实等优良特性，因此成为全球最流行的纺织纤维，适用于所有类型的纺织品、服装、家居和产业用产品等。

全球种植棉属种即栽培种有4个，分别是陆地棉、海岛棉、中棉和草棉。

陆地棉种植面积占全球植棉面积的94%左右。陆地棉品质中上等，绒长25～30mm，细度一般，马克隆值3.5～5.0；强力中上等，单产较高，种植区域分布最为广泛，在全球气候温和的地区均可种植。

海岛棉又称超细绒棉、长绒棉，种植面积约占全球植棉面积的6%左右，历史上最高总产达到120万t，占全球棉花总产的8%；近10年下降到60万t，占同期全球棉花总产的3%。海岛棉品质优良，绒长较长，为35mm以上，最长38～42mm；细度较细，马克隆值3.3～4.0；强力大，可纺80～120英支的高支纱，但产量低于陆地棉，种植区域对气温的要求较高。全球超细绒棉生产国家有10多个，生产量占全球细绒棉的最大比例为7%左右。埃及是全球超细绒棉的生产大国、出口大国和消费大国，其次是美国、印度和中国等。

中棉又称亚洲棉，只有零星种植，品质较差。

草棉也只有零星种植，品质较差，绒长14～20mm；单铃重1～3g，产量低，大多被淘汰。

此外，海陆杂交种和二倍体杂交棉在印度有较大的种植面积，品质一般较好，可纺60～100英支的高支纱。

全球有产量记录的国家（地区）有80多个，千吨以上产量的国家（地区）有50多个。

全球棉花种植分布在热带、亚热带和温带的温暖地区。

全球棉花产地分布于亚洲、非洲、北美洲、南美洲和欧洲，是种植较广而集中度相对较高的大田经济作物。

亚洲是全球最大的产棉洲，产量占全球的70%。主产国有中国、印度、巴基斯坦、乌兹别克斯坦和土耳其，产量占全球的一半、占亚洲的95%。5万～30万t产棉国有土库曼斯坦、塔吉克斯坦、叙利亚、伊朗、阿塞拜疆和哈萨克斯坦。5万t产量以下的有吉尔吉斯斯坦、阿富汗、以色列、泰国、菲律宾、越南和印度尼西亚等。

北美洲是全球的第二大产棉洲，产量占全球的18%左右。主产棉国有美国和墨西哥，零星种植还有萨尔瓦多、危地马拉和尼加拉瓜等。

非洲是全球第三大产棉洲，产量占全球的7%以下。虽然产棉国（地区）多达50个，但各国产量均不大，最大的是埃及，产量最高达到50多万t；其次是布基纳法索，最高产量40万t；马里最高产量30万t，苏丹最高产量22万t；

科特迪瓦和贝宁最高产量17万t；产量在10万t左右的有喀麦隆、坦桑尼亚和津巴布韦；产量在10万t以下的有乌干达、肯尼亚、埃塞俄比亚、加纳、扎伊尔、尼日利亚、赞比亚、南非、乍得、多哥、塞内加尔、中非共和国等。

欧洲植棉面积占全球1%，主要国家有希腊、西班牙和保加利亚，其中希腊最高产量达到30万t。

全球棉花产业具有参与度广泛的特点。所谓参与度广泛是棉花产业涉及国家（地区）从事棉花生产，全球有80多个国家（地区）参与棉花贸易，有100多个国家（地区）参与棉花贸易，有100多个国家（地区）参与棉花的消费、工厂纺纱、织布、印染和制衣等。全球200多个国家（地区）都参与纺织品服装的贸易和消费，这是因为“衣食住行衣为首”“温饱问题温在先”。

全球棉花产业具有集中度高的特点。所谓集中度是指部分国家（地区）所占比例较高。比如，虽然全球有80多个国家（地区）参与棉花生产，但印度、中国、美国、巴基斯坦和巴西等5个国家的收获面积占全球比例高达71.0%；虽然全球进口原棉的国家（地区）有130多个，但中国、孟加拉国、印度尼西亚、土耳其和越南前5位国家进口占进口量的比例高达76.4%。虽然全球纺织品服装出口国家（地区）200多个，但前10个国家（地区）——中国、欧盟27国、印度、中国香港、土耳其、孟加拉国、越南、美国、韩国和巴基斯坦等则占69.1%。虽然全球纺织品服装进口国家（地区）200多个，但是前10个国家（地区）——欧盟、美国、日本、中国、中国香港、加拿大、俄罗斯、韩国、越南和土耳其则占近一半，为49.7%。

第一节 全球棉花生产情况

一、全球棉花生产发展历程

（一）全球历年总产增长动态

1924—2014年的90年时间里，全球棉花平均总产11 293千t（图2-1、表2-1），年均增长率为1.73%，线性回归的年增长量为243千t。按10年分组计算，第一个30年（实际26年）总产为负增长0.08%，第二个30年年均增长率为1.31%，最近35年年均增长率为1.53%。

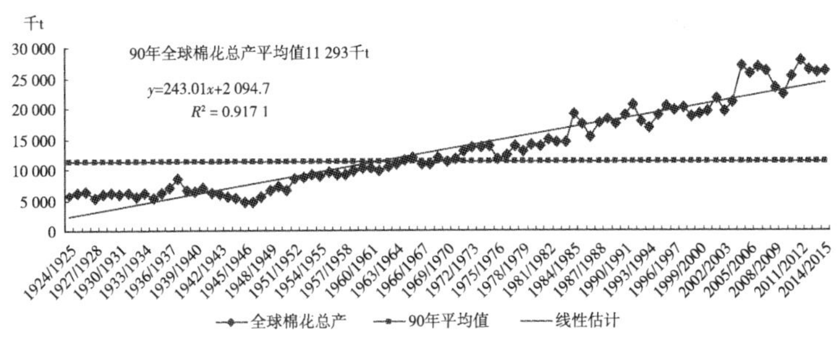

图2-1 1924/1925—2014/2015年度世界棉花总产

（资料来源：ICAC，2014；毛树春，李付广，2016）

表2-1 1980年以来棉花总产量变化

年度	总产量/万t	变异系数/%	增长率/%
1980/1981—1989/1990	1 630.5±189.5	11.6	24.7
1990/1991—1999/2000	1 915.8±116.6	6.1	17.5
2000/2001—2009/2010	2 331.5±289.9	12.4	21.7
2010/2011—2014/2015	2 533.6±123.9	4.9	8.7

资料来源：ICAC，2014；毛树春，李付广，2016。

过去 90 年，全球棉花总产跨入两个大的台阶，1959/1960 年度跨入 1 000 万 t 台阶，总产达到 1 028 万 t，那时全球人口 30.38 亿人。时隔 37 年后，即 1995/1996 年度跨入 2 000 万t 台阶，达到 2 067 万 t，那时全球人口 58.07 亿人；2010/2011—2014/2015 年度全球总产在 2 533.6 万 t 水平上，这时全球人口已达到 70 亿人。全球最高产量是 2011/2012 年度，达到2 780万 t 吨；第二高为 2004/2005 年度，达到2 699.7 万t。

最近 65 年，每个 10 年都比上一个 10 年总产增加 200 万～400 万 t，增幅达到两位百分数。其中 20 世纪 60 年代最小，增长 198 万 t，70 年代增长 213 万 t，80 年代增长 323 万 t，90 年代增长 285 万 t，进入 21 世纪头 10 年，全球原棉生产增长达到 416 万 t，可见 20 世纪 80 年代和 21 世纪头 10 年是两个增长最快的 10 年。21 世纪全球棉花消费增长加快源自全球增长加快，得益于全球纺织品服装一体化进程，纺织品服装贸易壁垒消除，消费促进了生产发展。

全球棉花总产增加的主要原因是单产水平的大幅提高，并与总产的增幅完全同步，也有植棉面积扩大的因素。

全球棉花总产波动，究其原因：面积的波动是引起总产的波动的最主要原因；其次是单产水平的波动，而单产波动又受天气的影响；第三是投入和技术要素的变化，引起单产的波动进而影响总产的增减。同时，局部战争、自然灾害和异常气候变化也是重要原因。

（二）全球棉花历年收获面积变化

1945/1946—2013/2014 年度，全球平均棉花收获面积

32 283 千公顷（4.84 亿亩）（图 2-2、表 2-2），占全球大田作物总收获面积的 5%左右。由于自然灾害影响，播种面积一般大于收获面积的 5%，实际上全球棉花播种面积超过 33 333 千公顷（5 亿亩）。

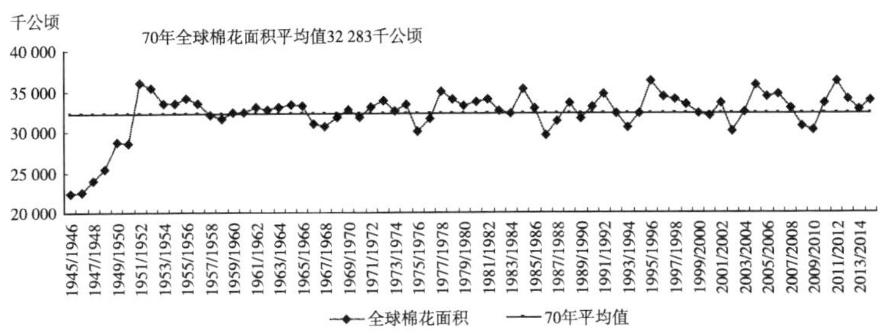

图 2-2　1945/1946—2013/2014 年度全球棉花收获面积变化

（资料来源：ICAC，2014；毛树春，李付广，2016）

表 2-2　1980 年以来全球棉花收获面积变化

年份	面积/千公顷	变异系数/%	增长率/%
1980—1989	32 620±1 610	4.9	−0.6
1990—1999	33 240±1 586	4.8	1.9
2000—2009	32 623±1 956	6.0	−1.9
2010—2014	32 978±1 394	4.2	1.1

资料来源：ICAC，2014；毛树春，李付广，2016。

整体看，这 70 年全球植棉面积相对稳定。除 20 世纪 40 年代低于 25 000 千公顷（4 亿亩）以外，每个 10 年的全球平均植棉面积变化在 32 355 千～33 240 千公顷（4.85 亿～4.99 亿亩），每个 10 年的变化幅度相对较小，变异系数最大仅 6.0%。1984 年和 1995 年为历史上最大植棉面积，达到 35 224 千公顷（5.283 6 亿亩）和 36 114

千公顷（5.417 1亿亩），1986年为最小面积，为29 503千公顷（4.425 5亿亩），最大与最小面积相差6 611千公顷（9 916.5万亩）。

进入21世纪全球总产量成倍增长，记录不断刷新，主要归功于单产水平的大幅提高。

全球植棉面积仍然表现波动特点，分析植棉面积波动和缩减态势的主要原因：一是市场需求和价格。近10年全球棉价波动较大，2003年全球价格大幅升高，2004年面积扩大；2006年和2007年价格偏低，2007年和2008年面积大幅缩减。2008年全球遭遇金融危机，价格一落千丈，2009年面积大幅缩减。据世界银行1989年的调查，棉花是种植风险较大的作物，对市场价格波动的反弹系数高达1.95，在一些经济实力差的发展中国家，则高达2.02。二是天气。丰收年景，供大于求，价格下降进而导致播种面积缩减。由干旱、渍涝、盐碱障碍和低温等引起的歉收年景，价格上涨进而推动面积扩大。三是粮食。人口增加导致对粮食需求加大，由于全球总耕地面积相对稳定或减少，致使植棉面积增加缓慢或缩减。20世纪60年代全球人口33亿，21世纪头10年人口达到62.8亿之多，其中2006年全球人口66亿，2014年72亿，吃饭是全球农业的首要问题。此外，局部战争战乱、恐怖组织活动、流行性疾病和国家社会动荡等也是引起面积波动原因。

（三）全球棉花历年单产增长动态

1945—2014年，全球棉花平均单产472kg/hm²（表2-3，图2-3）。全球棉花单产水平从1945/1946年度的210kg/hm²

增长到 2013/2014 年度的 792kg/hm²，增长 277%，增幅很大，年均增长率 1.94%，1979—2014 年的年均增长率为 1.95%。

表 2-3 1980 年以来全球棉花单产变化

年份	单产/(kg/hm²)	变异系数/%	增长率/%
1980—1989	348±57	16.3	21.7
1990—1999	414±16	3.9	19.0
2000—2009	501±66	13.1	21.0
2010—2014	578±11	1.9	15.4

资料来源：ICAC，2014；毛树春，李付广，2016。

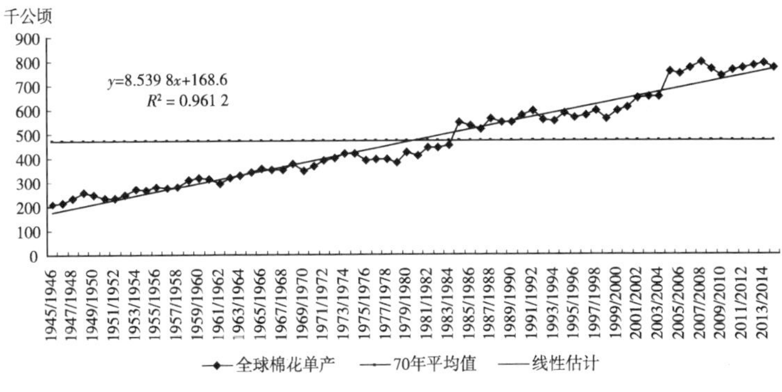

图 2-3 1945/1946—2014/2015 年度全球棉花单产变化

（资料来源：ICAC，2014；毛树春，李付广，2016）

在 1980—2014 年中，20 世纪 80 年代比 70 年代增长 21.7%，单产增 62kg/hm²，21 世纪头 10 年比 20 世纪 90 年代增长 21.0%，净增 87kg/hm²。

最近 40 年全球棉花单产进入快速增长的新阶段，分别跨上 500kg/hm²、600kg/hm²、700kg/hm² 的 3 个台阶。第一个高产台阶是 1984/1985 年度，跨上 500kg/hm² 台阶，达到

546kg/hm²；第二个高产台阶是 2000/2001 年度，跨上 600kg/hm² 台阶，达到 611kg/hm²；第三个台阶是 700kg/hm²，2007/2008 年度创最高水平，达到 793kg/hm²。这些高产台阶都有很多的“中国因素”，中国的贡献率超过 50%。

全球棉花单产水平的差异悬殊，这与全球各地的棉花种植的适宜程度、生产条件、物质投入、科技支撑和生产管理的差异紧密相关。

二、近几年全球棉花生产形势

(一) 近几年全球棉花总产发展形势

据美国农业部数据，2015—2019 年，全球棉花总产在 2 094 万～2 695 万 t 波动。印度是总产最大的国家，总产量占全球的比例达到 21.7%～26.9%，平均为 24.4%；其次是中国，总产占全球比例也在 21.3%～25.2%，平均 22.8%；美国第三，总产占全球比例为 13.4%～16.9%，平均 15.5%；巴西第四，总产占全球比例为 6.0%～11.0%，平均为 8.3%；巴基斯坦排第五，总产占全球比例为 5.1%～8.9%，平均为 6.7%。以上 5 个国家总产占全球比例的 83.9%（表 2－4）。

表 2－4 近几年全球棉花总产

单位：万 t

国家	2015/2016 年度	2016/2017 年度	2017/2018 年度	2018/2019 年度	2019/2020 年度
印度	563.9	587.9	631.4	561.7	664.1
中国	479.0	495.3	598.7	604.2	593.3

（续）

国家	2015/2016 年度	2016/2017 年度	2017/2018 年度	2018/2019 年度	2019/2020 年度
美国	280.6	373.8	455.5	399.9	433.6
巴西	128.9	152.8	200.7	283.0	287.4
巴基斯坦	152.4	167.6	178.5	165.5	135.0
土耳其	57.7	69.7	87.1	81.6	78.4
乌兹别克斯坦	82.7	81.1	84.0	71.3	76.2
希腊	22.0	22.5	26.6	30.7	36.5
墨西哥	20.5	16.7	34.0	37.8	34.2
贝宁	10.9	18.7	24.8	30.5	31.6
马里	21.2	27.0	30.5	27.7	29.4
阿根廷	18.0	16.3	17.9	24.4	21.8
布基纳法索	23.9	28.5	26.1	18.5	21.8
科特迪瓦	13.4	14.0	17.5	20.4	21.6
土库曼斯坦	31.6	28.8	29.2	19.8	20.0
缅甸	15.6	15.5	15.8	15.2	15.8
喀麦隆	11.2	10.2	10.9	13.1	14.0
澳大利亚	62.1	88.2	104.5	47.9	13.6
苏丹	4.6	7.8	10.3	10.9	13.1
塔吉克斯坦	9.0	9.4	12.4	9.0	12.7
全球	2 093.5	2 322.6	2 695.0	2 583.4	2 670.8

数据来源：美国农业部网站，2020 年 5 月。

（二）近几年全球棉花收获面积发展形势

据美国农业部数据，2015—2019 年全球棉花收获面积在 2 981.1 万～3 475.5 万 hm^2 波动。

印度是棉花种植面积最大的国家，收获面积占全球的比例达到36.0%～40.0%，平均37.9%；其次是美国，收获面积占全球比例为10.7%～13.8%，平均为12.5%；第三是中国，收获面积占全球比例在9.7%～13.0%，平均10.4%；第四是巴基斯坦，收获面积占全球比例为6.6%～9.5%，平均为7.9%；第五是巴西，收获面积占全球比例为2.9%～4.9%，平均为3.9%。以上5个国家总产占全球的76.1%（表2-5）。

表2-5　近几年全球棉花收获面积

单位：千 hm^2

国家	2015/2016年度	2016/2017年度	2017/2018年度	2018/2019年度	2019/2020年度
印度	12 300	10 850	12 600	12 600	13 300
美国	3 268	3 848	4 492	4 043	4 700
中国	3 050	2 900	3 400	3 500	3 450
巴基斯坦	2 900	2 500	2 700	2 300	2 450
巴西	955	940	1 175	1 640	1 670
乌兹别克斯坦	1 285	1 180	1 250	1 100	1 010
马里	545	655	705	725	735
贝宁	300	420	530	650	675
布基纳法索	660	700	850	630	575
土耳其	370	400	470	520	570
土库曼斯坦	500	545	545	545	545
坦桑尼亚	400	400	350	420	450
科特迪瓦	402	345	327	392	408
阿根廷	375	240	320	380	360
希腊	230	210	230	245	285

（续）

国家	2015/2016年度	2016/2017年度	2017/2018年度	2018/2019年度	2019/2020年度
尼日利亚	260	275	270	270	270
喀麦隆	220	225	225	250	250
乍得	290	315	120	60	250
缅甸	239	244	249	239	246
墨西哥	133	104	210	243	225
全球	30 651	29 811	33 755	33 401	34 755

数据来源：美国农业部网站，2020年5月。

（三）近几年全球棉花单产发展形势

据美国农业部数据，2014—2020年，全球棉花单产在683～798kg/hm² 的波动中呈现增长态势。在2019年单产前20个国家中，澳大利亚的单产最高，达到2 268kg/hm²。产棉大国之中，中国的单产较高，为1 720kg/hm²。巴西单产水平也很高，达到1 721kg/hm²。而巴基斯坦单产低于全球平均20%上下，印度单产则低于全球平均水平30%以上。可见提高全球棉花单产仍有较大潜力（表2-6）。

表2-6 近几年全球棉花单产

单位：kg/hm²

国家	2015/2016年度	2016/2017年度	2017/2018年度	2018/2019年度	2019/2020年度
澳大利亚	1989	1 520	1 972	1 261	2 268
以色列	1 720	1 715	1 742	1 829	1 872

（续）

国家	2015/2016 年度	2016/2017 年度	2017/2018 年度	2018/2019 年度	2019/2020 年度
巴西	1 350	1 626	1 708	1 726	1 721
中国	1 570	1 708	1 761	1 726	1 720
墨西哥	1 544	1 602	1 617	1 555	1 519
吉尔吉斯斯坦	581	665	980	1 270	1 391
土耳其	1 559	1 742	1 853	1 570	1 375
希腊	956	1 071	1 157	1 253	1 280
委内瑞拉	1 234	1 234	1 234	1 234	1 234
叙利亚	1 034	1 089	1 161	1 219	1 219
保加利亚	1 089	1 089	1 089	1 089	1 089
突尼西亚	1 089	1 089	1 089	1 089	1 089
西班牙	902	953	1 016	975	1 033
秘鲁	1 012	893	1 048	1 169	1 029
南非	1 113	825	1 082	1 130	1 019
美国	859	972	1 014	989	922
哥伦比亚	562	551	968	1 350	823
乌兹别克斯坦	644	687	672	648	754
伊朗	599	653	640	748	748
阿塞拜疆	663	628	569	653	746
印度	458	542	501	446	499
巴基斯坦	526	671	661	719	551
全球	683	779	798	773	768

数据来源：美国农业部网站，2020 年 5 月。

三、全球棉花产能增长原因

除消费促进棉花生产发展以外，在保证足够植棉面积的同时，在技术措施上，全球各国都注重增加棉花生产的投入，改善棉花生产条件，依靠科技进步提高单产和改善品质，这是棉花生产发展、产能不断增长的原因。

（一）科技进步的促进作用

依靠科技进步，1940—2010 年全球棉花单产水平提高 2.77 倍（表 2-7），主要来自遗传改良和栽培技术进步的贡献：棉花新品种的培育，改良了产量性状、品质性状和抗性。首先是衣分率的遗传改良，效果最为显著。1940—2010 年衣分率提高了 15%。其次是单铃重翻倍。最后是成铃数大幅提高，单位面积成铃提高了 1～1.2 倍。

表 2-7 科技进步对全球棉花生产力的贡献

年代	衣分率/%	铃重/(g/个)	蕾铃脱落率/%	单位面积成铃数/(万个/亩①)	单产水平/(kg/亩)
20 世纪 40 年代	25～30	3 上下	80 以上	1.5 上下	14～18
20 世纪 50、60 年代	30	3 上下	80 以上	1.5～2.0	18～20
20 世纪 70 年代	33	3.5～3.8	70 上下	2.5～3.3	35～45
20 世纪 80、90 年代	35～36	4～4.5	65	4.0～4.5	50～65
21 世纪头 10 年	38.5～40	5～5.5	60	5.0～6.0	90～110

资料来源：毛树春，李付广，2016。

① 亩为非法定计量单位，1 亩≈1/15 公顷。——编者注

科技进步显著提高生产水平。一是生物技术。转 *Bt* 基因抗虫棉和抗除草剂棉广泛种植，全球转基因棉种植面积约占全球植棉总面积的 60%左右，棉铃虫和杂草防治成本下降，挽回了产量损失。二是棉花杂种优势利用。全球棉花杂交种的种植面积约占总面积的 15%～20%。三是栽培技术的改进提高。石油化学品包括化肥、农药、除草剂、地膜覆盖技术的广泛应用，提高了棉花单产水平。四是灌溉和排水条件的改善得益于农田水利建设、农田土地平整、农业动力的应用，解除了干旱和渍涝的危害。

（二）农资投入增加，促进单产提高

主要是增加化肥、农药、除草剂、地膜等石油化学品的供应能力，提高个体和群体的生产力，在提高生物学产量的同时提高了经济产量。推广综合防治，减轻病虫的危害，减少产量损失。机械化和半机械化作业成为棉花种植管理的好帮手，减轻了人力劳动强度，增强棉花生产的竞争力。

（三）农田基础设施改良，抗逆保收能力增强

全球常年作物受灾面积占播种面积 10%～20%，绝收面积占播种面积 3%～5%。干旱是全球最大的自然灾害，干旱还引起盐渍化危害。全球农田水利建设主要是增加储水、蓄水和排灌大型基础设施，对减轻干旱和渍涝威胁十分有利。同时，开垦荒地，平整土地，开发中低产田，扩大棉田面积。兴修农田水利，改善棉田灌溉和排水条件，为提高单产水平提供水利保障条件，从而提高全球的基础产量水平。通过增加滴灌、喷灌和井灌的设备，为高产提供水分保障，从而大幅提高单产水平。

(四) 纺织加工的需求，促进纤维品质的改良

伴随着纺织加工技术的变革，棉纺织机械向高速度、大容量、精细化、高支纱和宽幅发展，新型棉纺织机械如切换自如的清梳联成套系统装置、大容量的卷装系统装置、精密的粗细联络系统装置、高速转杯纺设备和喷气涡流设备、高效的自动络筒系统，棉纺纱转速提速到 25 000r/min 以上，全球原棉品质结构也发生了根本变化，绒长延长，中长绒比例大幅增加，强度提高，达到 30cN/tex，纤维整齐度提升，这几个品质指标改良的特征最为明显。

第二节　全球棉花贸易

一、全球棉花进出口贸易

棉花是全球重要的大宗农产品和进出口贸易农产品。全球贸易量占全球棉花生产量的幅度在 20.1%～35.0%，平均贸易量 30.3%，即在产地消费平均比例为 70%（表 2－8）。

表 2－8　1980 年以来全球原棉贸易比例

年度	全球原棉总产量/万 t	出口量/万 t	出口量/生产量/%	Cotlook Λ 指数/(美分/lb)	理论出口贸易额/亿美元
1980/1981 1989/1990	1 630.5	482.5	29.6	107.45	114.30
1990/1991—1999/2000	1 915.8	385.1	20.1	152.38	129.37

（续）

年度	全球原棉总产量/万 t	出口量/万 t	出口量/生产量/%	Cotlook A 指数/（美分/lb）	理论出口贸易额/亿美元
2000/2001—2009/2010	2 331.5	745.3	32.0	196.23	322.42
2010/2011—2014/2015	2 533.6	885.8	35.0	101.80	198.80
平均	2 102.9	6 246.8	29.7		

资料来源：ICAC，2014；毛树春，李付广，2016。

注：Cotlook A 指数为名义价格。磅（lb）为非法定计量单位，1lb＝0.453 592 37kg。

全球棉花货物贸易分为三种类型：一是净进口类型，包括日本、韩国和欧盟大多数国家。这类经济体不种植棉花，在进出口平衡中进口量大于出口量。二是净出口类型，包括美国、澳大利亚。这类经济体出口量大于进口量。三是贸易调节类型，包括中国、印度、巴基斯坦和巴西等。这类经济体既进口又出口，进口可以弥补结构不足之需，出口则有商业性逐利的需要，具有多重性。

关于全球原棉贸易额，据联合国贸易数据库数据，1995—2014 年的 20 年时间里，全球平均出口额134.2 亿美元，2011 年出口额最高，达到 244 亿美元；平均进口额130.3 亿美元，最高进口额为 238 亿美元（2011 年），进口额数据小于出口额可能与损耗有关。

二、近几年主要贸易国家和地区

(一) 出口国家和地区

近几年全球平均出口量851万t，排前20位国家和地区见表2-9，其中美国平均出口量305万t，占全球比例为35.9%，排第一位。其次是巴西，平均出口量113万t，占全球比例13.3%；第三是印度，平均出口97万t，占全球比例11.4%。第四位澳大利亚，平均出口量67万t，占全球比例7.9%。第五位乌兹别克斯坦，平均出口量26万t，占全球比例3.1%，由于乌兹别克斯坦在加快纺织业发展，棉花出口量已越来越少。西非国家布基纳法索、马里、科特迪瓦、贝宁、喀麦隆出口量在11万～26万t，合计占11.4%。

表2-9 近几年全球棉花出口国家和地区排序

单位：万t

国家和地区	2015/2016年度	2016/2017年度	2017/2018年度	2018/2019年度	2019/2020年度
美国	199	325	354	321	327
巴西	94	61	91	131	187
印度	125	99	113	76	70
希腊	21	22	23	30	30
澳大利亚	62	81	85	79	27
马里	22	24	28	29	26
贝宁	14	18	23	28	26
科特迪瓦	17	14	13	19	19
布基纳法索	24	25	27	17	18

（续）

国家和地区	2015/2016 年度	2016/2017 年度	2017/2018 年度	2018/2019 年度	2019/2020 年度
喀麦隆	12	11	9	13	11
阿根廷	5	6	4	12	9
苏丹	3	7	8	9	9
塔吉克斯坦	10	7	11	8	8
土耳其	5	7	7	10	8
马来西亚	3	2	3	7	8
墨西哥	3	3	8	11	8
阿塞拜疆	1	2	4	8	8
乌兹别克斯坦	48	38	22	16	7
西班牙	6	5	5	7	7
哈萨克斯坦	4	6	5	6	6
合计	761	825	905	896	867

数据来源：美国农业部网站。

（二）进口国家和地区

近几年全球平均进口量 855 万 t，排前 20 位国家和地区见表 2－10，其中孟加拉国平均进口量 151 万 t，占全球比例为 17.6％，排第一位。其次是中国，平均进口量 141 万 t，占全球比例 16.4％。近几年中国原棉进口量减少与库存量大、棉纺织加工能力降低紧密相关。第三是越南，平均进口量133 万 t，占全球比例 15.5％。第四位土耳其，平均进口量84 万 t，占全球比例 9.8％。第五位印度尼西亚 69 万 t，占全球比例 8.0％。从进口量来看，东南亚正在向全球棉纺织加工中心转变。

表 2-10 近几年全球棉花进口国家和地区排序

单位：万 t

国家和地区	2015/2016 年度	2016/2017 年度	2017/2018 年度	2018/2019 年度	2019/2020 年度
中国	96	110	124	210	163
孟加拉国	139	148	165	157	144
越南	100	120	152	150	142
土耳其	92	80	88	76	83
巴基斯坦	72	53	74	62	70
印度尼西亚	64	74	77	66	62
印度	23	60	37	39	44
马来西亚	10	9	16	16	28
泰国	28	27	25	23	15
韩国	26	22	20	17	13
墨西哥	21	22	20	19	13
埃及	10	11	12	11	10
中国台湾	15	14	14	13	9
日本	7	5	6	5	5
伊朗	5	7	7	7	5
秘鲁	5	4	5	5	5
厄瓜多尔	4	3	3	4	4
意大利	4	4	4	3	3
葡萄牙	4	3	4	4	3
瓜特马拉	2	3	3	3	3
合计	771	821	896	925	864

数据来源：美国农业部网站。

第三节　全球棉花纺织消费

一、全球棉花纺织消费特点

20 世纪 70 年代以来，全球棉花纺织加工需求变化有以下特点。

一是棉花纤维纺织加工的消费不断增长。全球棉纺织业加工原棉从 1970 年的 12 078 千 t 增长到 2014 年的 25 491 千 t，年均增长率为 1.71%，年净增 305 千 t。如果从 1981 年的 14 124千 t 算起，到 2014 年的年均增长率为 1.81%，可见全球原棉工厂消费的增长在加快（图 2－4）。

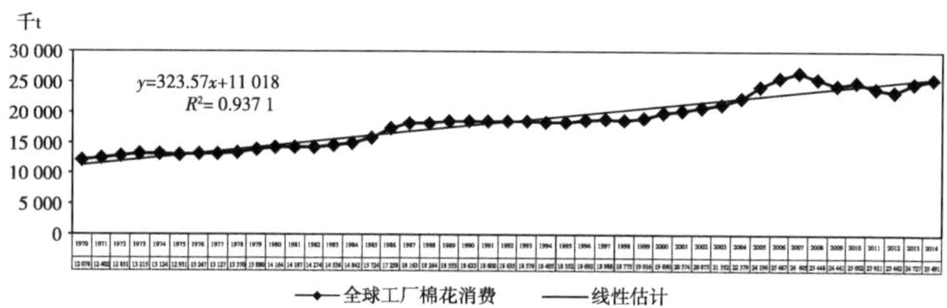

图 2－4　1970—2014 年全球棉花工厂消费

（资料来源：ICAC，2014；毛树春，李付广，2016）

二是全球棉花加工中心地区不断转移，发达经济体棉纺织业不断萎缩；新兴经济体棉纺织业不断增长。迄今，全球棉纺加工中心在东南亚，占全球市场份额的 80%以上。

三是棉纺织技术的不断革新和装备的现代化，对棉花品质指标提出了更新更高的需求，棉花品级检验和分级体系不断发生新的变革。

四是棉纤维面临与人造纤维的激烈竞争。

二、全球棉纺织

据ICAC（国际棉花咨询委员会）资料，全球有95个国家和地区在工厂加工棉花，按加工量和占全球的比例，分为以下几个方阵。

第一方阵是棉纺织特大消费类型。中国和印度消费量最大，在500万～1 100万t，占全球市场份额高达18%～40%。中国21世纪头10年原棉平均加工量8 049千t，占全球的平均比例为34.3%，最高比例达到40.3%和40.2%。近几年，受劳动力成本高涨和国内的高价原棉影响，一些棉纺企业开始转移至东南亚越南、泰国、孟加拉国、印度尼西亚和巴基斯坦等，有的甚至转移到美国，以求更低的原棉成本。印度21世纪头10年，工厂原棉加工量3 403千t，占全球工厂消费比例的14.7%。近5年，工厂消费原棉4 612千t，占全球工厂消费比例的18.8%。

第二方阵是棉纺织大消费类型。巴基斯坦、土耳其、巴西、美国、孟加拉国，消费量在72万～230万t，占全球市场份额在3%～10%。巴基斯坦21世纪头10年，工厂原棉加工量2 252千t，占全球工厂消费比例的9.7%。近5年，占全球工厂消费比例的9.5%，约为印度的一半。土耳其是21世纪之后的新兴棉纺织国家。工厂原棉加工量从2000年的1 195千t增长到2014年的1 279千t，且仍在增长。

第三方阵是棉纺织中等消费类型。印度尼西亚、墨西哥、越南、乌兹别克斯坦、泰国、韩国、缅甸、阿根廷、叙利亚、伊朗、土库曼斯坦、埃及、俄罗斯和秘鲁等，消费量在 150 千～460 千 t，消费比例占全球的 0.7%～3%。

第四方阵是棉纺织中小纺织消费类型，主要是非洲地区的 30 多个国家和地区，消费量在 1 万～10 万 t。

第五方阵是工厂原棉加工量极少的发达经济体。其中，英国是近代棉纺织工业的鼻祖，进入 21 世纪以来几乎没有棉纺织。美国工厂原棉加工量从 2000 年的 2 099 千 t 减少到 2014 年的 647 千 t，因原棉价格比中国国内的低，也有中国一家纺织企业进入。澳大利亚劳动力昂贵，已没有棉纺织工业。

三、全球棉纱线

全球生产棉纱线的国家和地区有 100 多个。与工厂原棉加工量一样，也分几个方阵。

中国是全球最大的棉纱产量国家，棉纱线产量占全球最高比例达到 72.1%，印度、巴基斯坦、土耳其分别是全球第二、第三、第四大国，以上 4 个国家的棉纱线产能占全球市场的 88.3%。巴西是南美洲最大也是全球第五大棉纱线生产国家。

与工厂原棉加工消费量减少的变化一致，发达经济体现今几乎没有棉纱线产能。

非洲棉纱线产量低而不稳，近几年随着中国企业的进入有所增长。全非洲棉纱线产量 1980 年 429 千 t，1990 年 495 千 t，2010 年 422 千 t，2014 年 205 千 t。1980—2014 年减幅高达 52.2%。埃及是非洲最大的棉纱线生产国家，产能几乎占全非洲的一半。

第四节 “一带一路”沿线国家和地区棉花产业

“一带一路”倡议，是中国国家主席习近平于2013年9月和10月在出访哈萨克斯坦和印度尼西亚时先后提出的“丝绸之路经济带”和“21世纪海上丝绸之路”的总称。“一带一路”倡议以共商共建共享为原则，以和平合作、开放包容、互学互鉴、互利共赢的丝绸之路精神为指引，以政策沟通、设施联通、贸易畅通、资金融通、民心相通为重点。全球许多国家对“一带一路”倡议反响热烈，已从理念转化为行动，从愿景转化为现实，从倡议转化为全球广受欢迎的公共产品。

一、“一带一路”国家和地区棉花产业概况

“一带一路”是全球棉花产业的集中带，即全球棉花生产的集中带、全球棉花消费的集中带、全球棉纺织的集中带、全球棉花贸易的集中带和全球最大的棉花进口市场。

“一带一路”棉花产业在全球位置呈“五六七八九”特征，即：植棉收获面积和原棉总产占全球的六成多，原棉进口贸易量、棉纱线出口贸易额占全球的七成多，棉花消费量和棉机织物产量占全球的八成多，棉纱线产量占全球的九成，棉机织物出口量占全球的五成多，进口量占全球的六成多。

“一带一路”棉花产量及贸易呈现大国效应。中国和印

度是"一带一路"棉花生产大国，根据2010—2015年年均数据，印度棉花收获面积占"一带一路"的49.7%，中国棉花总产占"一带一路"的38.4%。印度同时也是"一带一路"原棉出口大国，占"一带一路"出口量的53.6%，中国是"一带一路"原棉进口大国，占"一带一路"进口量的63.4%。中国棉花消费占"一带一路"消费量的45.3%，棉纱线产量占"一带一路"棉纱线产量的75.0%，棉机织物生产量占"一带一路"生产量的38.3%。中国还是"一带一路"棉纱线贸易额最大的国家，占"一带一路"出口额的33.0%，占"一带一路"进口额的35.5%。

二、中国棉花和纺织业对外合作新进展

近几年，在"一带一路"倡议和中非合作论坛框架下，中国棉花和纺织业对外合作取得了新进展。到2019年，中国棉纺企业转移境外的产能约350万锭，约占国内产能的3%，转移出去的棉纺织产品主要是20、30、40英支中档纯棉纱。

（一）东南亚

越南、柬埔寨、马来西亚等是中国棉纺织业对外合作的第一站。进入企业有天虹纺织集团有限公司、百隆东方股份有限公司、红豆集团、鲁泰纺织股份有限公司、东渡集团和山东岱银集团、申洲国际集团控股有限公司、华孚时尚股份有限公司等，有一定规模，生产纱、布纺织品和服装。

天虹纺织集团在越南和柬埔寨建有生产基地，在越南的纱锭从2013年的73万锭增长到2016年的125万锭，生产

棉纱线、牛仔线和化纤类纱线，其中棉纱线产能占越南总产量的17%，成为越南纱线的龙头企业。

百隆东方股份有限公司于2013年注册资本2.75亿美元，2014年纺锭20万锭，2015年纺锭40万锭，2016年纺锭50万锭，3年形成纺织产能110万纱锭，主要生产各类纱线和副产品。

华孚时尚股份有限公司早在2013年就在越南布局纺织业，到2017年已形成28万锭、纺高档纱2万t及染色的产能。

据世界贸易组织数据，越南纺织服装产业的出口额从2000年的21.2亿美元增长到2018年的360亿美元，增长了近16倍，这得益于中国棉纺织企业开展的对外合作。

（二）非洲

江苏无锡一棉纺织公司于2018年投资2.2亿美元在埃塞俄比亚建设无锡一棉（埃塞俄比亚）纺织有限公司，以打造埃塞俄比亚的标杆企业为目标，2019年30万锭棉纺织已投产。2013年以来，山西省天利实业有限公司在马达加斯加投资1.5亿美元兴建了天利农业（马达加斯加）有限公司，以打造“非洲棉仓”为目标，建设20万公顷棉花种植及加工基地，年产籽棉20万t，皮棉8万t，棉籽12万t。公司采用“本土化管理”方法，注重本土人才的技能培养和能力锻炼，已形成一支成熟的管理团队，逐步建成集种植、加工、贸易为一体的大型综合性农业开发产业链。

据中非发展基金数据，中非棉业项目已在马拉维、莫桑比克、赞比亚等3个国家建立了7座轧花厂和2座榨油厂，并计划在津巴布韦等地建厂。该项目整合了资金、棉花育种、种植、收购、加工、纺纱以及国际市场营销等方面的优势，形成年收购籽棉 9 万 t、生产皮棉 3.6 万 t、生产棉籽油 8 100t 的产能，惠及当地农户 20 余万户。

（三）中亚

进入企业有金昇集团和新疆利华棉业公司等。其中，新疆利华棉业公司已在塔吉克斯坦投 6.21 亿元人民币，建成集棉花和粮食种植、加工、仓储、物流、销售、技术服务为一体的现代化农业产业园区，是目前在塔吉克斯坦投资最大的农业企业，2017 年被中国农业部认定为首批境外农业合作示范区建设试点。

山东天鹅棉业机械股份有限公司在乌兹别克斯坦和塔吉克斯坦建立棉花加工（包装）机械设备生产线 18 条，包括“天鹅”品牌采棉机、运输机、轧花机、打包机、剥绒机等成套生产线，以及安装、维修与培训等全程服务，用户棉花采收、加工生产效率及加工质量得到全面提升。该公司在乌兹别克斯坦、美国阿拉巴马州建立了分公司，在印度、埃塞俄比亚、巴基斯坦、苏丹等地设立了办事处和技术服务中心。

（四）科技合作

中国积极开展棉花科研国际合作，中国农业科学院棉花研究所在乌兹别克斯坦建立了中国-乌兹别克斯坦棉花“一带一路”联合实验室，2020 年 5 月，101 台（套）价值 352 万元的仪器设备从河南郑州启程，搭乘“郑欧班列”发往乌兹别克斯坦，中乌联合开展棉花科学试验研究。同时，引进中国棉花品种、种植技术、播种机、地膜、肥料、农药和节水灌溉设备等，派出专家组常驻，办棉花高产样板田，开展技术培训指导生产，召开生产管理现场会，经过一系列工作，棉花单产提高了50%以上，深受当地政府和棉农的欢迎。

第三章　棉花育种与栽培管理技术

中国棉花种植技术经历了20世纪50年代到60年代的传统农业阶段，20世纪70年代至21世纪初的石油农业阶段，目前正处于现代农业的发展阶段。

中国农业十分注重单产水平的大幅提高，时至今日中国棉花单产仍在增长，这是因为追求高产符合人多地少的中国国情，有利于提高土地利用效率，增加农民收入，降低生产成本，满足市场需求，也是提高棉花竞争力的关键所在。

发展棉花科技，开展科技兴棉为棉花单产的提高和品质改善提供了重要的技术支持，这是中国棉花发展的重要经验。

第一节　棉花品种选育

品种是科技进步的重要体现，种子是重要的农业生产资料。中国棉花品种经历了从短缺、供给平衡到丰富再到过剩的发展阶段。据统计，2001—2017年，全国育成通过审定的品种总数达到2 113个，其中，85%来自科研院所，15%

来自种业企业等。

一、棉花育种目标

我国确立农作物育种目标，按照育种目标进行棉花新品种的杂交和选育。虽然不同时期有不同的育种目标，但是，作物高产、优质和抗性是一个永恒的主题。棉花新品种比对照品种增产 10%为有效增产，产量性状包括结铃率、单铃重和衣分率等主要性状；优质指提高和改进的遗传纤维品质，包括延长纤维长度，提高比强度、细度和成熟度（马克隆值），抗性是指抗耐枯萎病、黄萎病及苗病，要求新品种比老品种抗耐病性有明显的提高。21 世纪以来，中国棉花育种增加了抗虫性、耐旱耐盐碱、优异品质等新性状。针对棉田两熟多熟种植和机械化采收，对新品种的早熟性提出了新目标，要求早熟性好，霜前花比例高。10 月 20 日吐絮达到 80%为早熟，机械化采收要求的霜前花比例更高。

二、棉花育种方法

中国棉花育种方法主要包括系统育种、杂交育种、杂种优势利用、转基因育种和远缘杂交育种等。

1. 系统育种 按照遗传和变异原理，从现有品种（系）中选择优良单株（单铃），经过后代不断鉴定、比较而育成新品种。这种“优中选优”“连续选择”的育种方法在 20 世纪 50 年代到 80 年代选育出不少新品种，增产幅度大，如今这一方法仍在使用。

2. 杂交育种 杂交育种是作物品种改良的主要方法。采用不同基因型的母本和父本杂交，使得一个亲本某些遗传物质被另一个亲本的相应部分替换，而形成基因杂交组合，即遗传重组产生新变异，这种杂合体通过自交可导致后代基因的分离和重组，并不断使之纯化，进而按育种目标进行选择和培育，选择的新品种具有更好的经济性状和经济价值。杂交育种需掌握的基本原则：亲本选配需符合育种目标，而且性状具有一定优异特点。杂交育种方法培育的新品种通常具有超亲优势，产量、品质和抗性都有明显的改进提高。

3. 杂种优势利用 杂种优势是生物界普遍存在的现象。杂种优势利用是提高农作物产量、改良品质和增强抗性的有效途径。杂交种一般具有明显增加生物量的特点，可比常规品种增产达到15%，品质和抗性也有明显改进提高，在棉花生产中得到广泛应用。我国选育品种中杂交种占25%左右。杂交种的制种方法通常包括人工去雄授粉制种和雄性不育系制种方法，其中，人工去雄授粉制种方法更适用于陆地棉品种间杂交组合，于花朵开放前一日下午手工去除母本花朵中的雄蕊，次日8：00—10：00采集父本花粉授予母本柱头，制种时间通常从6月下旬持续到8月中旬；雄性不育系制种是利用细胞核不育（GMS）的不育系（A系）、保持系（B系）、恢复性（R系）和复合体（AB系）充当恢复性（R系）的“一系两用法”制种，或利用包质不育系（A系）、保持系（B系）和恢复性（R系）的“三系”制种。依靠人工去雄授粉的 F_1 代种植面积最大，代表性有品种中棉所28、湘杂棉2号、中棉所29、标杂A1和鲁棉研15等品种种植面积和年限最长，杂交种种植面积曾一度占全国棉花播种面积的33.0%，这对提高单产、改善品质与增强抗逆性发挥了重要作用。雄性不育系制种培育了一些组合，但是商品品种的播种面积不大。

4. 生物育种 转基因育种是现代生物育种技术的典型代表。采用农杆菌（*Agrobacterium tumefaciens*）或基因枪法将外源基因序列导入棉花。目前全球棉花转基因育种最成功例子是将苏云金芽孢杆菌（*Bacillus thuingiensis*，Bt）中分离出的苏云金杆菌杀虫结晶蛋白基因转入棉花品种中。苏云金杆菌属于革兰氏阴性的孢子细菌，在芽孢形成过程中可产生伴胞晶体，由一种或多种蛋白质组成，具有高度特异性杀虫活性，被称为δ-内毒素或杀虫结晶蛋白基因的毒蛋白质，当幼虫取食即被杀死。根据杀虫结晶蛋白的抗虫谱及系列同源性，划分为4个类型：Bt类型Ⅰ（CryⅠ）具有抗鳞翅目昆虫的活性，对其幼虫有特异的毒性作用；类型Ⅱ（CryⅡ）抗鳞翅目和双翅目昆虫；类型Ⅲ（CryⅢ）抗鞘翅目昆虫；类型Ⅳ（CryⅣ）抗双翅目昆虫。外源基因导入棉花植株需要进行遗传转化，以棉花下胚轴转化为例，根癌农杆菌转化操作程序如下：无菌苗的获得—外植体的采集—外植体侵染—外植体与农杆菌共培养—愈伤组织诱导—胚性愈伤诱导—胚状体发生—再生苗诱导—成苗—嫁接—嫁接苗成活—移栽。另外，转外源基因除草剂在美国应用广泛，培育的品种有抗溴苯腈、草甘膦、抗2,4-滴和抗草铵膦。迄今，中国没有对转基因抗除草剂进行环境释放，也不能进入生产示范和种植。

此外，远缘杂交育种即陆地棉与海岛棉杂交方法可以获得大量种间杂交的后代，成为重要的育种资源新材料——优异纤维品质种系、高衣分率种系、优异抗性种系等，还培育出冀棉25、晋棉21等优异品质的新品种。以上是棉花育种的常规方法，还有高产育种、抗病育种、纤维品质育种、耐旱耐盐碱育种、早熟育种、低酚棉育种和彩色棉育种等专项育种方法。

三、棉花育种重要保障措施

1. 南繁加代 海南省三亚市位于热带，冬季温暖，光热资源丰富，适合棉花冬季进行育种和繁殖，这样可以加快育种进度，缩短育种年限，提高育种效率。

2. 品种区域试验与农作物品种审定 品种区域试验和审定制度是国家的制度性安排，分国家级和省级两种，通过试验比较之后即可推荐给农作物品种审定委员会进行审定，通过审定品种即可进行推广种植，国家级和省级区域试验和审定具有同等法律效力。

3. 转基因环境释放 根据《农业转基因生物进口安全管理办法》规定，中国转基因作物的研究分为五个阶段：实验研究阶段、中间试验阶段、环境释放阶段、生产性试验阶段、申请安全证书阶段。中间试验、环境释放和生产性试验实行事前审批制。在农业转基因生物实验研究结束后拟转入中间试验的，试验单位应当向农业转基因生物安全管理办公室报告。棉花新品系在参加区域试验之前需获得环境释放许可。

四、棉花育种成果

全国棉花育种机构有60多家，包括国家级、省市级棉花（经济作物）科研机构、大学类和专业种子公司等（表3-1）。其中，中国农业科学院棉花研究所（以下简称中棉所）是国家级棉花专业科研机构，具有绝对专业优势。该所自1957年成立以来，共育成中棉所系列品种119个，其中中棉所12于1990年获得国家发明一等奖，中棉所16（于1995年）和中棉所19（于1998年）分别获得国家科技进步一等奖。国家棉花品种区域试验由中棉所主持，所建立的试验评价体系对参试新品系作出了科学客观的评价，有效发挥推荐审定等功能，于1985年获得国家科技进步一等奖。山东棉花研究中心育成棉花品种58个，其中鲁棉1号于1981年获得国家发明一等奖。迄今为止，包括全国棉花品种和区域试验在内共获得一等奖5项。中国农业科学院生物技术研究所是一家专门研究农作物基因构建和遗传转化的专业研究所，具有技术优势。其他棉花优势育种单位主要有：河北省农林科学院棉花研究所在陆地棉抗旱育种、高品质育种具有优势，湖南省棉花科学研究所在杂种优势利用方面具有优势，新疆农业科学院经济作物研究所在陆地棉早中熟育种和海岛棉早熟育种发明具有优势，新疆生产建设兵团第一师农业科学研究所在海岛棉育种具有明显优势。

自2000年《种子法》颁布以来，种子市场化进程加快，陆续成立一批种子公司，全国涉棉种子公司有好几百家，其

表 3-1 中国主要棉花育种单位及育成品种情况（数据至 2019 年）

单位名称	审定品种数量/个	主要优势及特点
中国农业科学院棉花研究所和中棉种业股份有限责任公司	113（中棉所系列） 其中：64（常规品种） 43（杂交种） 6（彩色棉、低酚棉品种）	陆地棉杂交育种、杂种优势利用和组织培养、遗传转化、转基因育种等
山东棉花研究中心	58（鲁棉研系列） 其中：38（常规品种） 20（杂交种）	陆地棉杂交育种、杂种优势利用、转基因育种
河北省农林科学院棉花研究所	73（冀棉系列） 其中：58（常规品种、高品质品种） 15（杂交种）	陆地棉杂交育种、杂种优势利用、抗旱育种
河北农业大学	17（农大棉系列） 其中：10（常规品种） 4（杂交种） 3（低酚品种）	陆地棉杂交育种、杂种优势利用、低酚育种
湖南省棉花科学研究所	45（湘杂棉系列） 其中：15（常规品种） 27（杂交种） 3（彩色棉）	陆地棉杂种优势利用
新疆农业科学院经济作物研究所	43（经作所系列） 其中：24（陆地棉） 19（海岛棉）	陆地棉早熟育种、海岛棉育种、耐盐育种
新疆农垦科学院棉花研究所	24（陆地棉）	陆地棉早熟育种、特早熟育种

（续）

单位名称	审定品种数量/个	主要优势及特点
新疆生产建设兵团第一师农业科学研究所	44（一师系列） 其中：26（海岛棉品种） 18（陆地棉品种）	海岛棉早熟育种，陆地棉早中熟育种
新疆生产建设兵团第七师农业科学研究所	17（七师系列）	陆地棉早熟、特早熟育种
邯郸市农业科学院棉花研究所	58（邯棉系列） 其中：46（常规品种） 12（杂交种）	陆地棉常规品种和杂交种
塔河种业有限责任公司	10（塔河系列）	陆地棉早中熟育种及种子经营
河间市国欣农村技术服务总会	28（国欣系列） 其中：16（常规品种） 12（杂交种）	杂交种及种子经营
创世纪种业有限公司	19（创世纪系列） 其中：8（常规品种） 11（杂交种）	中早熟品种、杂种优势利用及种子经营
中国彩棉（集团）股份有限公司	14（采棉系列） 其中：9（棕色棉品种） 5（绿色棉品种）	天然彩色棉育种及订单种植、加工、纺织全产业经营

数据来源：中棉所网站 http：//www.cricaas.com.cn/，以及相关单位提供。

中专业种子公司有30多家，中棉种业股份有限责任公司是中棉所的控股公司，中棉所育成品种都由该公司经营，是一个“育繁推”一体化公司。该公司下设新疆阿克苏中棉种业公司、石河子中棉种业公司和合肥中棉种业公司等。全国具有经营优势的专业公司包括河间市国欣农村技术服务总会、创世纪种业有限公司和塔河种业有限责任公司等，以及中国彩棉（集团）股份有限公司选育天然棕色棉、天然绿色棉品种培育系列品种多个，在天然彩色棉的种植、加工，纺织服装的专业化和产业化方面具有优势。

第二节　棉花栽培管理技术

20 世纪五六十年代是中国棉花典型的传统种植阶段，那时中国没有多少化肥、农药和地膜等石化类农业生产资料，农业灌溉条件也很差，大幅度提高单产水平主要是依靠增加劳动力投入，促进各项精细传统种植技术的落实到位。增加种植密度、增施农家肥、中耕锄地和人工打顶去赘芽是传统植棉方法中提高单产的关键技术措施。20 世纪 80 年代以来，中国棉花栽培技术取得了全面进步，其中棉花育苗移栽、地膜覆盖和化学调控是提高单产、改善品质的关键技术措施。

一、传统与现代植棉技术

（一）传统植棉技术

1. 耕整地和播种　中国耕整地经历了人力、畜力和机械化几个阶段。畜力有牛、驴、马和骡子等，翻地和耙地采用木制铁犁，木制铁耙，翻地深度浅，仅 10～15cm。播种有开沟器、播种器和覆土器。有的单独使用，有的组合在一起，实行开沟、播种和覆土一并作业。

2. 增加密度，力保全苗，培育壮苗　增加密度、均衡布局、合理密植有利于提高单产，中国农谚讲，“稀三担，密六箩，不稀不密六箩多”，说的是合理密植比较容易夺取高产，还有“苗好一半产”告诫农业生产抓“苗”是一项基础性工作，中国农业生产对“苗”极为重视，高标准苗情要求达到“四苗”目标，即“苗全、苗齐、苗壮和苗早”，就是这个道理。20 世纪 50 年代初期，棉花收获密度不足 30 000 株/hm^2，密度低，田间“稀稀拉拉”，分布不均，直到 50 年代末期提高到 45 000 株/hm^2，60 年代提高到 60 000 株/hm^2。这是中国在学习苏联植棉经验之后进行重大改革所取得的实际成效。那时，不仅密度少而且缺苗断垄，棉株在田间分布不均，大小棵现象很普遍。为了增加密度、实现均衡分布生产，采取了一系列技术措施。

（1）增加行数和缩窄株距，增加密度。改行距 100～150cm 的宽行配置为宽窄行或缩窄行距，由此增加了单位面积的行数，通过增加行数增加密度。同时，还改宽株距40～50cm 为窄株距 25～30cm，密度明显提高。

（2）精选种子，处理种子，促进快速出苗。精选毛子，人工挑除瘪子、红子和不饱满毛子，播种前先晒种 2～3d，播前“温汤（水温 80℃）浸种”10～12h，用草木灰拌种。毛子播种量 60～75kg/hm^2。直到20 世纪 80 年代末期开展“种子工程项目”，90 年代毛子被光子、包衣种子替代才全部完成，这是中国在 20 世纪七八十年代学习美国稀硫酸脱绒技术，引进美国机械化脱绒装备之后取得的显著成效。

（3）改进播种方法。改撒播、条播为沟播、穴播；改人工锄头开沟播种为畜力和播种机播种。播种之前需平整地面，达到土细，墒情合适，覆盖均衡，深浅一致。

(4) 查苗、补种、移栽补缺。对死苗、缺苗断垄之处进行再次补种，取田间的多苗移栽补齐少苗之处，这项农事是播种和苗期田间管理的最主要农事。田间移栽补缺苗方法到20世纪70年代发展成为营养钵育苗移栽技术。

(5) 疏苗、间苗、定苗。农谚讲“苗荒苗胜过草荒苗”，因此，当幼苗出齐后，利用人工除去拥挤的苗叫“疏苗”，在疏苗之后再间苗进一步处理过多的苗，这项农事操作一般进行4～5次，直到幼苗真叶达到2～3片/株之时才进行定苗，这时幼苗具有抵抗病害能力，按照设计的株距进行定苗。

(6) 勤中耕勤松土。中耕锄地具有增加地温和清除杂草多种功能，苗期中耕和锄地要求深度要浅以防损害幼苗，距离播种行10cm。

(7) 防治病虫害保全苗。采取人工、生物和化学等多种方法防治病虫危害。

3. 整枝和打顶　整枝是传统植棉所采取的主要农艺措施。整枝包括去营养枝（叶枝、油条）、打顶、打顶心、抹赘芽和打老叶，俗称“五步”整枝法。如连主茎叶片都打掉就称为“捋裤腿”。整枝、打顶是棉花增产又一积极措施，对中国棉花增产的贡献率在15%以上。具体措施包括：

(1) 整枝。人工去营养枝对棉株内部营养物质起到调节分配作用，从营养器官向生殖器官分配，还可以减少消耗，防止棉株徒长，减少蕾铃脱落，增加结铃率，减少烂桃，促进早熟，提高产量。整枝要求“枝不过寸”，即在叶枝长度不超过 3～5cm 打除，整枝一直到现蕾期。

（2）打顶。打顶是中国棉花生产普遍采用的一项技术。打顶对增产作用更加明显，一般增产 10%以上。因为人工掐去顶尖后能控制主茎生长，减少无效果枝，生长点顶端优势被抑制，棉株养分和有机养料将运向果枝，供应蕾铃生殖器官。棉农总结经验，打顶坚持“枝到不等时，时到不等枝”原则，在具体打顶时还要看长势，“凹顶早，冒顶迟，平顶小打正当时”。棉株长势将要衰退，而还未明显衰退，主茎顶心和顶部叶片相平时，是打顶的适宜时期。如在顶心低于顶部叶片时打顶，是偏早；如高于顶部叶片时打顶，又偏晚。打顶时间，长江流域棉区不迟于立秋（8 月 7—8 日）节气，黄河流域棉区不迟于7 月底，西北内陆南疆不迟于 7 月 10 日，北疆不迟于 6 月底。

（3）打边心，摘除无效花蕾。打边心，摘除无效花蕾一般自下而上分次打去群尖，明显提高单铃重，黄河流域棉区，棉株 8 月 10 日以后现的蕾，多在 9 月上旬以后开花，常年来不及在霜前吐絮（有的霜后也不吐絮），故应在 8 月中下旬将中、上部果枝边心全部打去，并摘除无效花蕾，山东要求棉农“四门落锁”进棉田打边心。

（4）去赘芽。打顶后，养分充分的棉花，棉株中、上部主茎叶或果枝叶腋里都会产生腋芽，生物学上称之为赘芽。这是因为正在生长着的顶芽吸收养料多，打顶前也不会有更多的养分供腋芽生长，故对其下部腋芽的发生有抑制作用。

（5）打老叶。如棉株生长过旺，田间荫蔽严重，打去棉株主茎中、下部的老叶，有改善棉田通风透光条件、减少烂铃的作用。

4. 中耕锄地 中耕锄地是传统植棉的重要农事作业。锄地可以松动扰乱土壤，破除土壤板结，提高地温，还可以切断根系，控制生长，阻止田间地面水分蒸发；锄地可以清除杂草生长保护棉苗，农谚讲“锄头底下有火，锄头底下有水”就是这个道理。棉花一个生长季节锄地十几次，充分发挥锄地的功能。锄头是中国农民常用的农具。锄头结构分为两部分：第一部分是“锄刃”，就是用来松土、除草的部位。锄刃形状是扁扁长长的，就像菜刀一样。“柄”是第二部分，是一根圆形木棍，常用硬木制成，用来装在锄刃的后面一个孔内来支撑锄刃，长度 80～160cm 不等。刀身平薄而横装，收获、挖穴、作垄、耕垦、盖土、除草、碎土、中耕、培土作业皆可使用，属于万用农具。20 世纪 70 年代开始采用拖拉机带动中耕器农机具进行中耕，现代大多采用除草剂除草，中耕农事操作主要依靠机器作业完成。

（二）现代植棉技术

中国棉花单产从 1970 年的 456kg/hm^2 提高到 1999 年的 1 028kg/hm^2，在这 30 年里棉花单产提高了 125.4%，这是自 1950 年以来第二个高速增长的 30 年。这一时期中国棉花生产既加大传统劳动密集型技术的推广应用，包括两熟种植、育苗移栽、高密度种植、整枝打顶和中耕除草；又开始大量使用石油化学品，包括农用塑料地膜、化肥、农药、柴油、植物生长调节剂和灌溉水等农业生产资料；还有效应用现代转基因技术和杂种优势利用等生物技术，以及拖拉机、采收机、喷雾器和农用无人机等现代农业装备。育苗移栽、地膜覆盖、化学调控和包衣种子也是“藏棉于技”的基础性技术，具有增产潜力大、促进早熟明显和改善品质的多种功能。

1. 育苗移栽 营养钵育苗移栽比直播棉花单产提高10%～15%，营养钵是采用富含营养的土壤制成的钵状体，高8～10cm，内径 3～5cm，放入的种子在保护条件下提早育苗，一般育苗期 30d，待生长真叶 2～3 片/株后移栽进入大田，育苗可以减轻苗期病害，节省种子，争取生长季节，移栽可以缩短两种作物的共生期，培育壮苗，棉花一般增产30%。第二代育苗移栽技术以一系列无土育苗基质、促根剂、移栽机具等发明专利产品为支持，实现了传统技术的升级换代，人工减少了 80%，劳动生产率提高 100 倍。育苗载体由钵土改为无土无钵，由带土移栽改为裸体苗移栽，育苗方式从千家万户到工厂化、规模化的集中综合育苗，栽植从人工打洞放苗覆土镇压发展到半机械化、全自动的开沟、打洞、放苗、覆土、加水，应用区域从长江流域扩展到黄河流域。

2. 地膜覆盖 聚乙烯地膜覆盖技术是 20 世纪 70 年代末引进的日本技术，因棉花增产高达 50%～100%，被称为“白色革命”。因地面覆盖地膜 50～60d，阻止土壤与大气的空气交流，提高土壤温度，减少地面水分蒸发，抑制土壤返盐和杂草生长，促进早发芽、早出苗、早现蕾、早开花、早吐絮、早采收。经过 40 多年的发展，棉花覆盖宽度从窄膜（膜宽 40～120cm）覆盖单行、双行发展到宽膜（膜宽180～205cm）覆盖 3～6 行的多行覆盖，从人工放苗发展到机械膜上打孔自动出苗，地膜厚度从 0.008mm 到 0.006mm 再到国家强制性标准的厚度 0.01mm，残膜从人工回收或不回收发展为人工和机械化回收。地膜覆盖具有延长生长期、增温、保水和抑制返盐的综合效应，提高棉花产量和改进品质的效果极为显著。如今，为了提高残膜回收率，减少残膜对土壤破坏，地膜厚度增加到 0.01～0.12mm，要求采用人工方法和机械方法，千方百计加强残膜回收。

3. 化学调控 棉花广泛使用植物生长调节剂。从 20 世纪 50 年代使用萘乙酸、2,4-滴和赤霉素防止或减轻蕾铃脱落，使用矮壮素（CCC）控制旺长，到 80 年代以来缩节胺因安全性更好而全面替代了矮壮素，用于塑造株型。缩节胺的应用从“对症”防旺长发展到“系统控制”，成为合理密植和增产幅度较大的又一关键技术。如今，采用以噻苯隆为主要成分的脱叶剂在机械化采收棉田中应用，乙烯利催熟与氟节胺化学封顶等收获辅助剂也在生产中示范，试验示范的效果良好。21 世纪初期，中国缩节胺技术和产品已进入非洲和亚洲有关国家，在提高单产方面取得良好效果。

4. 种子精加工和包衣种子 毛子经过高温脱除短绒，机械精选，留下饱满健康的光子，对光子再用杀菌剂和杀虫剂包裹，与同品种的毛子相比，包衣种子普遍增产 5%以上。农业部发布的农业行业标准《硫酸脱绒与包衣棉花种子》(HY 400—2000)，要求健子率＞70%，发芽率≥80%，残酸率≤0.15%，破子率≤7%，出苗率≥80%。各种子企业均配备了种子检验仪器，农业农村部棉花品质检验测试承担种子质量检验任务。

5. 集约化模式化栽培 棉田主要集约化模式有：

（1）油菜棉花一年两熟种植模式。长江流域棉区采用油菜（小麦）棉花一年两熟种植模式，棉花种植中熟类型的转基因抗虫杂交种。前作油菜于当年 10 月播种或套栽棉田，油菜籽产量 2 250kg/hm^2。棉花育苗移栽，于当年 4 月育苗，5 月移栽油菜田。棉花收获密度 22 500 株/hm^2，皮棉单产水平1 350kg/hm^2。

（2）小麦棉花一年两熟种植模式。黄河流域棉区采用小麦棉花一年两熟种植模式。棉花种植中熟、中早熟类型的转基因抗虫常规品种和杂交种。采用带状配置，一带宽度 150～160cm，播种 3 行或 4 行小麦，占地宽 40cm 或 60cm，预留棉行宽度 110cm 或 90cm。前作小麦在当年10 月播种，次年 6 月上旬收获，小麦产量 6 750kg/hm^2，麦田预留棉行在当年 4—5 月进行棉花播种或育苗移栽。棉花收获密度45 000～60 000 株/hm^2，皮棉单产水平 1 350～1 500kg/hm^2。

（3）密矮早膜种植模式。西北内陆棉区为棉花一年一熟种植区域。棉花种植中熟、中早熟、早熟或特早熟品种类型的转基因抗虫常规品种和杂交种。棉花采用“密矮早膜调”技术，“密”即高密度，收获 180 000～225 000 株/hm^2；“早”即提早播种，争取生长季节，4 月初播种，4 月底出齐苗。“膜”即地膜覆盖，地膜宽度 205cm，平均行距 76cm 以适应机械化采收。一幅地膜播种 3 行、4 行或 6 行，配置方式分别为（76＋76＋76）cm、（76＋66＋10＋76）cm 和（66＋10＋66＋10＋66＋10）cm。膜下滴灌，在地膜之下每行棉花铺上滴灌管以供滴水灌溉。“调”即使用缩节胺进行全程化学调控，从 2 片真叶/株开始进行化学调控，使用量从低到高，一直持续到 8 月初。采用这一技术皮棉单产水平 1 800～2 100kg/hm^2，最高籽棉产量达到12 090kg/hm^2，皮棉产量 4 800kg/hm^2。密矮早膜种植模式最具现代植棉特点，技术含量高。精细整地，地平土细，墒情合适，喷施除草剂。精量播种，一穴一粒种子，北斗导航，日夜播种，空穴率不超过 3%，出苗率不低于 85%。播种、地膜和滴灌软管铺设采用机械化一次完成作业，质量高。滴灌棉田采用肥水耦合模式，减少施肥次数，同时采用机械化收获，效率高。海岛棉在南疆种植，同样采用“密矮早膜”模式栽培。目前仍采用手工采收。

（4）盐碱旱地种植模式。华北平原以及沿渤海、黄河和东海地区为棉花一年一熟种植区域，这里土壤盐碱含量在 0.3%～0.5%。土壤冬季休闲，棉花 4 月播种，地膜覆盖，10 月收获。棉花收获密度 45 000～60 000 株/hm^2，皮棉单产水平 1 200～1 500kg/hm^2。

二、棉花科学施肥技术

（一）传统施肥方法

人工积造农家肥是中国传统棉花生产的成功经验，迄今仍在大力提倡和恢复。农家肥的积肥方法有多种：

1. 汇集人畜粪尿 做成圆形的粪池，让尿粪在粪池中自然发酵腐烂，带水点施棉株，其中粪肥来自人畜粪尿，牲畜粪尿来自家庭养猪的猪粪、养鸡的鸡粪、养牛的牛粪、养羊的羊粪等。

2. 积造草类农家肥 包括各类作物秸秆、新鲜或干杂草，通过沤制腐烂后送入棉田。

3. 挑塘泥铺盖田间 中国农民在冬季人工挖挑塘泥铺在农田表面，这些塘泥来自地表层雨水冲刷（洗）形成的淤泥，富含营养，铺在田间等于施用了一层有机肥。同时对池塘、河道、输水渠道等进行了清淤，有效提高蓄水和排水能力，一举多得。

4. 种植饲肥兼用绿肥 包括紫云英、毛叶苕子、蓝花苕子、豇豆、箭舌豌豆、蚕豆和紫花苜蓿等豆科绿肥，以及黑麦草和柽麻等，长成一定生物量后直接翻压农田，深度20cm；绿肥是优质饲料，提倡种植饲肥兼用绿肥，将绿肥先作饲料，发展家庭养殖业，实行家庭积肥，提高绿色养殖的经济效益。

5. 沤制有机肥方法 一是挖坑。坑长120cm，宽90cm，深60～90cm，坑底要夯实，以防渗漏、损失肥效。二是备原料。青草皮、蒿草、烂菜叶帮、泥土、人畜粪尿、生活垃圾均可作沤肥原料。三是配制比例。草、土、粪各占1/3为宜。四是加水淹泡，以促使粪肥完全发酵。五是调好酸碱度。在沤制时加入2%～3%的生石灰或草木灰等碱性物质，以调酸度。采用这种方法在气温高、水分充足的条件下，一般5～10天便可起出堆放。选择地势高、干燥的地方作为堆肥场地。采取4∶4∶2的配比方法（即40%秸秆杂草、40%黑色细土、20%人畜粪尿）。六是收集或者储藏肥料。

（二）现代施肥技术

现代棉花科学施肥采用“四结合”方法，即有机肥和无机肥结合，大量元素和微量元素肥料结合，肥料效益函数和测土配方结合，基施和追施结合。生产上，按照棉花目标单产水平和土壤肥力基础提出推荐配方，在施用有机肥或秸秆还田基础上，高产棉花推荐氮磷钾和硼锌养分为 N 150～300kg/hm^2，P_2O_5 5～150kg/hm^2，K_2O 90～180kg/hm^2（表 3－2）。

表 3－2　中国棉花目标产量和推荐施肥量

单位：kg/hm^2

棉区	目标产量	有机肥	N	P_2O_5	K_2O
长江流域棉区	1 350～1 600	15 000～30 000	195～240	90～105	150～180
黄河流域棉区	1 275～1 500	15 000～30 000	180～225	105～135	90～12
西北内陆棉区	1 800～2 250	750～1 125	300～330	120～150	75～90

注：考虑到棉田土壤硼含量、锌含量，提倡基施硼砂和硫酸锌 15～30kg/hm^2，每隔 2～3 年施用 1 次。

三、棉花病虫害综合防治技术

（一）传统病虫害防治技术

传统防治方法包括人工捕杀，以及应用烟草、苦参浸出液及各种油类等防治地老虎、蚜虫、棉叶螨、卷叶虫、金刚钻等。对金刚钻进行“拍蛾、摘头、拾落花落果”防治，极为有效。在药剂防治方面使用除虫菊浸出液、硫酸烟精、中农砒酸钙等药剂防治虫害。对于蚜虫，采用烟草水及棉油乳剂进行大规模防治，以人工浸沾为主，喷洒为辅。我国一些传统的植棉技术，如合理轮作、秋耕冬灌、选种、温汤浸种等，对病害防治都起作用。

在农药研制方面，植物性农药有闹羊花、雷公藤、苦树皮、毒鱼藤、除虫菊、石斛、蓖麻、苦参、巴豆、苦蔓藤、烟草、柚子皮、地谷、松叶和马勃等。这些植物材料价廉易得，人工熬制成药剂，农民喜用。将上述药剂材料，有选择地混合后，往往能提高药效，扩大防治范围。用棉油与石碱及肥皂等制成混合药剂防治棉蚜，收效很大。

在化学药剂研制方面，用砒酸钙防治棉花大卷叶虫等咀嚼式口器的昆虫，均有效果，20 世纪 50 年代起使用滴滴涕（DDT）和六六六防治害虫较多，60 年代开始使用化学农药如久效磷、甲基对硫磷（甲基 1065）等，这些毒性强的农药已被淘汰。70 年代微生物杀虫剂苏云金杆菌和拟除虫菊酯化合物在棉田得到应用，80 年代出现第二种有效的微生物杀虫剂。

1975 年国家农林部提出“预防为主，综合防治”的植保方针，为我国农业病虫害科学防治指明了方向，迄今仍是指导植物保护的科学方针。

（二）现代病虫害综合防治技术

中国棉花主要病虫害 30 多种。其中，主要病害有枯萎病、黄萎病，主要害虫有棉铃虫、红铃虫、棉叶螨、棉蚜、棉盲蝽和棉蓟马等。

棉花病虫害采用综合防治技术措施：①农业防治有效改善农业生态体系，增加天敌种类和数量。采用棉田色板诱蚜、糖浆诱蛾、安装黑光灯、高压汞灯诱杀棉铃虫等成虫，以及选择性使用化学农药和生物防治进行综合防控。②对枯萎病和黄萎病采用选育抗病品种，并结合轮作倒茬、增施有机肥和钾肥进行综合治理。③对苗期病虫害通过种子精加工和包裹杀虫剂、杀菌剂进行防治，随着种子精加工技术的普及，棉花苗蚜和苗期病害通过种子包裹杀菌剂、杀虫剂得到有效控制。④种植 *Bt* 抗虫棉，有效防治棉铃虫和红铃虫，节省化学农药使用量 7.5kg/hm^2。⑤制定了病虫害预测预报方法和病虫害防治指标，建立虫情测报发报队伍，形成了科学防治的基础。

四、棉田排灌和抗旱技术

（一）棉花耗水量

早在 20 世纪 60 年代研究确立了棉花不同产量水平的耗水量。当耗水量为 400～550mm，籽棉产量在 2 250kg/hm^2 以下；耗水量 550～600mm，籽棉产量 2 250～3 375kg/hm^2；耗水量超过 600mm^2，籽棉产量为 3 375～4 125kg/hm^2。迄今这一指标仍在指导棉田灌溉。当今单产水平因品种和栽培管理措施的改进提高很多，籽棉产量达到 6 000kg/hm^2 左右。

（二）棉田排灌水与抗旱

长江流域棉区降水丰沛，年降水 1 000～1 500mm，是典型“雨养农业”，侧重于排水、排灌结合。棉田以排渍涝为主，棉田“四沟”相通，所谓“四沟”即田间内部的厢沟、腰沟、围沟和田外的大型排灌渠，沟沟连接能有效发挥水利工程的作用。厢沟沟深 20～30cm，腰沟沟深 30～

40cm，围沟沟深50cm，大型排灌渠深度、宽度几米到十几米不等。这样的田间排灌系统，可以做到渍涝能够及时排出田间，遇到干旱可以及时灌溉，排灌渠可以蓄水，但灌溉条件差。

黄河流域年降水量500～900mm，分布不均，夏季占60%～70%，是典型的灌溉农业，侧重于灌溉。改机井地面输水为管道输水，改大水漫灌为沟灌和隔行灌溉；两熟棉田垄作，垄下浇水，节水30%。20世纪五六十年代主要是“靠天收”，对于旱地棉田采用“坐水点种”和“水种包包”，方法是开小沟或浅打洞，每穴人工担水补水，“穴播”后再覆盖一层厚土，待出苗后手工覆开，“保苗水”是旱地植棉的成功方法，至今一些产区还在应用。70年代开始采用开沟作垄，利用井水灌溉，打井深度10～15m，90年代用塑料管（“小白龙”）进行灌溉，棉田以沟灌为主，也有喷灌。

西北内陆棉区年降水量50～150mm，是典型的沙漠“绿洲农业”，棉田灌溉从膜上灌到膜下滴灌，再到肥水一体的智能化管理，取得节水45.7%、节肥31.7%和增产28.1%的显著效果。不灌溉则无农业，棉田灌溉采用地膜之下的滴灌，即滴灌毛管铺设在地膜下面，这样节水效果更好，同时通过滴灌施用肥料，肥与水结合，技术先进。

五、棉花收获技术

（一）人工采收

中国棉花采收季节自9月到10月，历时60天，长江流域棉区和黄河流域棉区依靠人工手摘。

长期以来，中国棉花依靠人工采收。棉花采收时间要做到“五分”—— 分收、分晒、分售、分存、分轧。无论手采还是机械化采收都要做到不同品种分别采收，同时，手采棉要霜前花与霜后花、好花与僵瓣花、正常成熟的花与剥桃花分收、分晒、分别存放、分步出售，轧花厂按品种收购、轧花、打包和组批。

（二）机械化采收

西北新疆棉花机械化采收面积正在扩大，2019 年机采棉面积占播种面积的 50%以上，达到 100 万 hm^2。机采棉采用 66cm+10cm 的宽窄行配置，采收之前需要化学脱叶和催熟以达到采收期的一致。采净率要求达到 95%，采收籽棉含杂率较高，约有 15%叶、枝、铃壳等杂物需要机械化清除。因此，机采棉轧花加工需配套清花和烘干设备。因机采籽棉清花造成长度、细度和强度的损失，机采棉品质明显下降，收购价格也下降。机采籽棉费用 0.42～0.45 元/kg，比人工采收节省 80.0%。据对机械化采收成本、采净率和加工损失等全面评价，机采棉成本仍比手工节省成本 10%以上。脱叶剂为噻苯隆 300～600g/hm^2 加乙烯利 2 250g/hm^2 混合使用，脱叶效果良好。严格控制异性纤维混入籽棉。异性纤维包括残膜、人与狗猫的毛发、鸡鸭鹅的羽绒、羊毛、各种农资与食品包装袋等。

全国以新疆为主的机械化采收棉区，拥有采棉机近 3 500多台，加工生产线 370 条。中国采棉机机型以美国凯斯（Case IH）CE630 采棉机、约翰迪尔（John Deere）7 660摘棉机为主，都为大型采收机，性能稳定，可靠性好，价格昂贵（500 万元人民币/台）。自 2016 年开始，国内公司生产制造 4MZ-3 型自走式、4MZ-5 自走式和 4MZ-6 自走式采棉机。2018 年国产机达到 800 多台，占新疆采棉机保有量的 22.2%。国产采棉机以 3 行机居多。在全国采棉机制造公司中，以新疆钵施然智能农机股份有限公司市场占有量最多，其机型稳定性好；另有常州东风农机集团有限公司、中国铁建重工集团股份有限公司、山东天鹅棉业机械股份有限公司等机型，价格都比约翰迪尔公司和凯斯公司的便宜（约 150 万人民币/台）。

第三节 棉花生产物质投入及成本

中国棉花生产投入包括种子、化肥、农药、地膜及机械动力和耕整地、播种、施肥、打农药等系列农具。棉花生产成本由物质成本、劳动力费用、固定资产折旧和间接成本组成，如果加上轧花加工和运输费用则为原棉成本。棉花生产成本不断上涨是中国社会进步的典型表现。

一、中国棉花生产成本

（一）单位面积生产成本

棉花生产成本两位数上涨持续了 10 年，2007 年皮棉成本突破万元是中国皮棉生产成本跃入高位的标志，自 2012 年开始已进入缓慢增长期，2014 年开始下降。据中国棉花生产监测预警数据，2016 年中国棉花生产总成本 1 505.82 元/亩。在总成本中，物化成本占总成本的

39.29%，为591.64元/亩；人工费用占总成本的49.10%，为739.30元/亩；固定成本占总成本的2.3%，为35.20元/亩；间接费用占总成本的9.28%，为139.69元/亩（图3-1）。

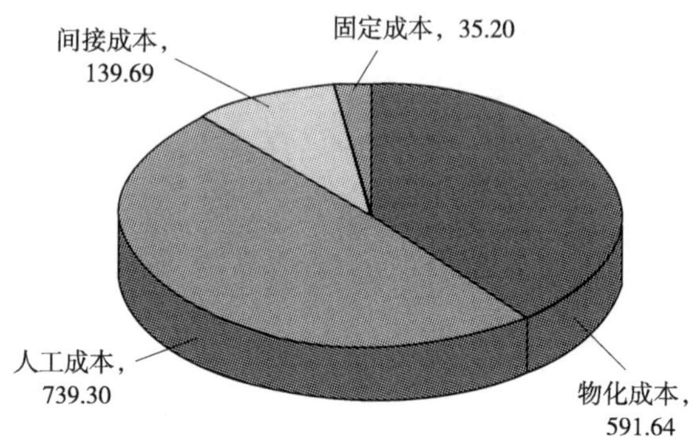

图3-1　2016年中国棉花生产成本构成（元/亩）

（数据来源：中国棉花生产监测预警数据）

单位面积棉花生产总成本，从2001年的580.0元/亩增长到2012年的1 596.6元/亩，年均增长率达9.64%；2013年最高达到1 603.50元/亩，2014年开始下降为1 570.00元/亩，2015年1 509.26元/亩，2016年1 505.82元/亩（表3-3）。

表3-3　2016年棉花主产品产值、成本和收益比较

项目	年份	全国	长江流域	黄河流域	西北内陆
籽棉产量/（千克/亩）	2015	261.3	220.3	240.4	283.1
	2016	293.0	217.5	249.7	335.5
籽棉产量2016年比2015年增减/%		12.1	−1.3	3.9	18.5
皮棉产量/（千克/亩）	2015	96.7	77.9	89.0	105.8
	2016	113.5	77.0	99.3	130.8

（续）

项目	年份	全国	长江流域	黄河流域	西北内陆
皮棉产量 2016 年比 2015 年增减/%		17.4	−1.2	11.6	23.6
籽棉售价/(元/千克)	2015	5.69	5.67	5.90	5.60
	2016	6.99	6.58	7.21	7.00
籽棉售价 2016 年比 2015 年增减/%		22.8	16.0	22.2	25.0
主产品产值/(元/亩)	2015	1 486.93	1 248.36	1 417.29	1 585.25
	2016	2 047.39	1 431.93	1 800.62	2 347.35
主产品产值 2016 年比 2015 年增减/%		37.7	14.7	27.0	48.1
总成本/(元/亩)	2015	1 509.26	1 422.37	1 235.50	1 745.96
	2016	1 505.82	1 235.18	1 189.64	1 735.26
总成本 2016 年比 2015 年增减/%		−0.2	−13.2	−3.7	−0.6
其中物化投入/(元/亩)	2015	622.80	400.00	430.76	823.59
	2016	591.64	361.65	373.18	762.54
物化投入 2016 年比 2015 年增减/%		−5.0	−9.6	−13.4	−7.4
其中人工费用/(元/亩)	2015	789.65	980.07	702.37	792.95
	2016	739.30	794.16	716.33	774.42
人工投入 2016 年比 2015 年增减/%		−6.4	−19.0	2.0	−2.3
用工数量/(人/亩)	2015	11.64	15.50	15.60	8.00
	2016	10.64	14.67	14.72	7.64
用工数量 2016 年比 2015 年增减/%		−8.6	−5.4	−5.6	−4.5
其中固定成本/(元/亩)	2015	36.70	23.39	32.42	40.18
	2016	35.20	22.76	30.81	40.88
固定成本 2016 年比 2015 年增减/%		−4.1	−2.7	−5.0	1.7
间接成本/(元/亩)	2015	60.11	18.91	69.95	86.85
	2016	139.69	56.61	69.33	157.42
间接成本 2016 年比 2015 年增减/%		132.4	199.4	−0.9	81.3
纯收益/(元/亩)	2015	−22.33	−174.01	349.75	−160.72
	2016	541.57	196.75	733.08	612.09

（续）

项目	年份	全国	长江流域	黄河流域	西北内陆
纯收益 2016 年比 2015 年增减/%		2 525.3	213.1	109.6	480.8
每千克皮棉成本/元	2015	15.61	18.27	13.89	16.51
	2016	13.27	16.05	11.98	13.27
每千克皮棉成本 2016 年比 2015 年增减/%		−15.0	−12.2	−13.7	−19.6
补贴（100%样本户获得补贴）/（元/亩）	2015	349.70	142.20	189.23	486.33
	2016	358.50	156.00	161.60	511.15
补贴 2016 年比 2015 年增减/%		2.5	9.7	−14.6	5.1

数据来源：中国棉花生产监测预警数据。

2007 年中国棉花生产成本首次突破万元达到 10.93 元/kg，这是生产皮棉成本跃入高位的标志，以后几年不断上涨，2011 年突破 1.5 万元达到 15.8 元/kg，2013 年创历史新高，比 2012 年增长 9.6%，则与这一年气候异常导致单产减幅超过 10%紧密相关，2014 年之后进入下降通道，2016 年比 2013 年减少 22.8%。

（二）单位皮棉生产成本

据中国棉花生产监测预警数据，中国皮棉生产成本，自 2004/2005 年度跨上 1 美元时代，达到 1.02 美元/kg，6 年之后跨上 2 美元时代，2010/2011 年度达到 2.20 美元/kg，2013/2014 年度达到峰值，为 2.77 美元/kg，两个年度进入下行通道，合计下降幅度达到 9.0%（图 3－2）。

二、全球棉花生产成本

据国际棉花咨询委员会的归纳，近 12 年全球棉花生产

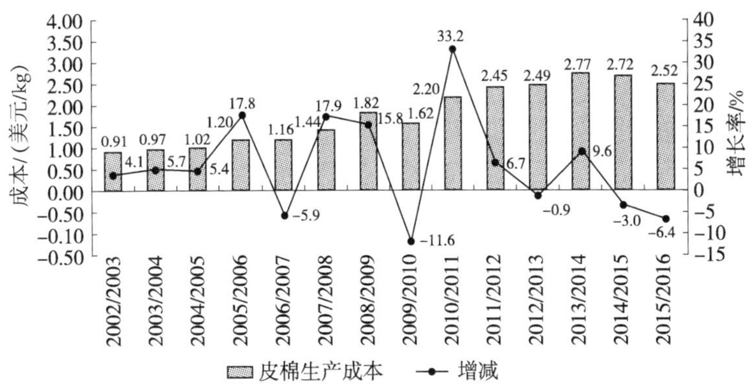

图 3-2　2002/2003—2015/2016 年度中国皮棉生产成本变化

（资料来源：毛树春，李付广，2016）

成本呈快速增长态势。皮棉生产成本，从 2000/2001 年度的 0.82 美元/kg 增长到 2012/2013 年度的 1.50 美元/kg，增长 82.9%，年均增长率为 5.62%。同期籽棉成本从 0.25 美元/kg增长到 0.52 美元/kg，增长 108%，年均增长率 6.88%（表 3-4）。

表 3-4　2000/2001—2012/2013 年度全球棉花生产平均成本变化

单位：美元/kg

年度	皮棉成本	籽棉成本	除草成本	肥料成本	杀虫剂成本	棉籽价值
2000/2001	0.82	0.25	0.09	0.13	0.17	0.30
2003/2004	1.11	0.33	0.01	0.21	0.15	0.19
2006/2007	1.04	0.34	0.13	0.23	0.13	0.18
2009/2010	1.22	0.43	0.21	0.24	0.13	0.22
2012/2013	1.50	0.52	0.31	0.27	0.16	0.22

资料来源：ICAC，2013。

注：平均值包括 31 个产棉国家。成本不包括地租和棉籽价值。

各成本所占比例，按2012/2013年度的调查结果，以除草的成本最大，占成本的比例达到21%；其次为化肥，占成本的18%；虫害防治费用占成本的11%，灌溉占成本的5%，收获占成本的15%，轧棉占成本的13%。播种包括技术费用，占净生产成本的8%（图3-3）。

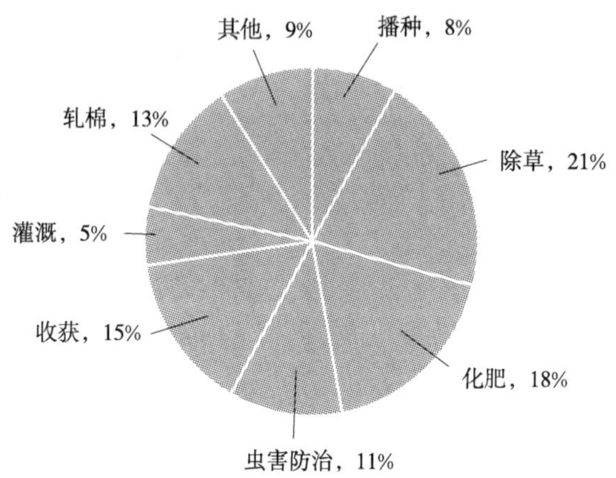

图3-3　2012/2013年度全球棉花生产成本构成比例

（资料来源：ICAC，2013）

从中国、美国、印度、巴西、巴基斯坦和澳大利亚等比较可见，2012/2013年度中国皮棉生产成本2.06美元/kg，与美国1.98美元/kg相当；高于澳大利亚1.56美元/kg（高32.1%），可见澳大利亚原棉最具有竞争力；高于巴西皮棉生产成本0.73美元/kg（高182.2%），高于巴基斯坦皮棉生产成本0.81美元/kg（高154.3%）。同期中国籽棉生产成本0.74美元/kg，高于印度籽棉生产成本0.45美元/kg（皮棉约1.25美元/kg）（高64.4%）

（表 3-5）。

表 3-5 全球植棉大国棉花生产成本比较

国家	年度	籽棉成本/（美元/hm²）	单位面积总成本/（美元/hm²）	单位面积净成本/（美元/hm²）	皮棉净成本/（美元/kg）	皮棉产量/（kg/hm²）
中国	1997/1998		1 110.1	1 007.50	0.89	1 144.1
	2012/2013	2 806.62	4 209.74	2 922.99	2.06	1 418.9
美国	1997/1998	734.10	1 285.30	992.40	1.50	662.0
	2012/2013		1 979.30	1 448.85	1.98	731.7
澳大利亚	1997/1998	1 310.30	2 196.9	1 761.70	1.45	1 353.3
	2012/2013	1 429.42	2 412.80	2 783.16	1.56	1 546.7
印度	1997/1998	723.60	811.20	511.60	1.22	420.8
	2012/2013	909.26		1 242.91	1.25	
巴基斯坦	1997/1998	449.10	581.80	353.80	0.68	524.5
	2012/2013	796.35	603.76	1 330.55	0.81	745.4
巴西	2012/2013	1 322.01	1 108.06	1 780.27	0.73	1 517.9

资料来源：ICAC，1998；毛树春，李付广，2016。

从单位面积的生产投入来看，中国投入最多达到 4 209.74 美元/hm²，高于澳大利亚 2 412.8 美元/hm²（高 74.5%），高于美国 1 979.30 美元/hm²（高 112.7%），高于巴西 1 108.06 美元/hm²（高 279.9%），高于巴基斯坦 603.76 美元/hm²（高 597.3%）。可见，中国棉花生产投入是全球最高水平，中国的单产也位居全球植棉大国的首位。

非洲马里和乍得等产棉国家的棉花生产投入不足 1 000 美元/hm²，由于投入不足严重制约生产发展和单产的提高，在全球不具竞争优势。

在亚洲，其他一些国家也存在投入不足问题。然而，土耳其棉花生产的投入很大，该国也是一个棉花产业大国，棉纺织业正在加快发展。

各国生产环节投入存在明显的差异，中国棉花生产播前成本是全球最高的，包括耕整地、播种、地膜覆盖、铺滴灌管和育苗移栽等。中国棉花收获依靠人工，籽棉收获费用2元/kg，约合0.32美元/kg，按籽棉产量3 375kg/hm^{2}测算，单位面积1 080美元/hm^2，占总投入4 209.74美元/hm^{2}的25.7%，这1/4投入有农户自己的投入，也有雇工支出，这要看耕地面积和植棉面积的大小。

第四节　棉花的科技发展与政策支持

一、棉花栽培技术发展展望

未来中国棉花生产发展，按照党的十九大提出的乡村振兴战略，明确质量兴农和绿色发展，将以供给侧结构性改革为新要求，当前和今后相当长的一个时期，中国棉花产业的转型升级、提质增效要努力解决“品质中高端”和轻简化、绿色化、机械化等关键技术，以及组织化、社会化服务的保障措施，最终形成中国棉花绿色的可持续生产方式。

（一）提高品质，发展中高端原棉生产

关于品质中高端，毛树春等（2016）提出了品质结构的“金字塔”模型（图3-4）。该模型含义：塔底层表示无异性纤维即有害杂物的“三丝”污染，提升籽棉、皮棉的清洁度水平。第二层表示纤维品质的一致性，一地种植一个品种，主推品种种植面积的比例高，单品种应单收单轧花单包

并组成批次，通过建立可追溯体系，提升品质产地的一致性和品牌水平。第三层表示轧花加工对纤维品质的损害最小。第四层表示品质检验的科学性、实用性需与内在品质和棉纺织品质检验品质相对接，降低检测成本。第五个层级表示种植高品质品种。高品质品种一般指中长绒陆地棉，品质指标为纤维长度超过 30mm、断裂比强度超过 30cN/tex（简称长度、强度“超双三零”），马克隆值和整齐度指数适宜。

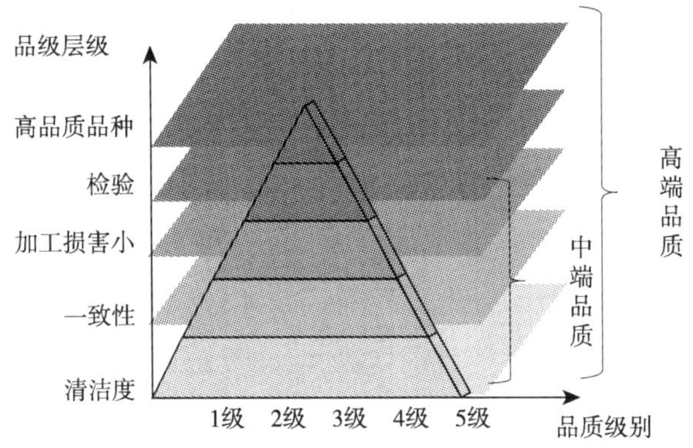

图 3-4 棉花中高端品质金字塔模型

（资料来源：毛树春，2016）

（二）创建绿色生产技术体系

绿色化生产要求落实农业部 2015 年提出的“一控两减三基本”的目标任务。“一控”即控制农业用水总量，实行灌水零增长；“两减”即减少化肥和农药使用量，实施化肥、农药“零增长”行动；“三基本”即畜禽粪便、农作物秸秆、农膜基本资源化利用，其中到 2020 年农膜回收利用率达到 80%以上，土壤存量残膜不断减少，不新增残膜，研究开发替代地膜综合性技术，包括农艺替代技术、降解膜产品、加厚地膜和机械化回收等，确保农田“白色污染”得到有效防控。这是农业绿色发展的基础性技术指标。

减少化肥用量主要采取积造增施有机肥、种植绿肥和秸秆还田，建立合理轮作制和有计划地进行深耕等措施，不断培肥土壤，改良土壤耕作性能，实施测土配方施肥和平衡施肥，实现化肥“零增长”。减少农药，采取病虫害综合防治技术措施，包括选育和种植抗病虫草的新品种，工厂化天敌昆虫饲养和释放，性诱剂、食诱剂、灯光诱杀和使用高效低毒农药，实行“统防统治”和“飞防飞治”，提高防治效果，实现农药“零增长”。节水措施包括充分利用天然降水，改善农田灌溉条件，兴建硬化输水渠道，实行滴管、喷灌、沟灌和精量灌溉，选育和种植节水新品种，研究开发农艺节水新技术，实现灌溉水的“零增长”。

（三）构建和形成绿色可持续生产方式

按照可持续生产理念，中国棉花可持续生产将积极践行产量、质量、效益和环境友好的协调同步提升，从追求高产量向追求高品质和可持续生产转变，籽棉、皮棉产量以中高水平投入、产出收益合理为宜，经济上可接受；生产上要求做到品种对路、栽培管理规范适当、“肥水药膜调”投入品合理、生产过程对棉田环境不产生污染破坏；增施有机肥，秸秆还田，残膜和农资投入品包装废弃物回收和循环利用，棉田清洁卫生，生产方式可持续。

通过中高端原棉品质品种的选育和种植、保护品质技术的应用、绿色化生产技术创建和应用，完成中国棉花绿色可持续生产方式的构建指日可待。

二、中国棉花生产支持政策

1949年10月中华人民共和国成立以来，党和国家始终把棉花当作战略物资予以高度重视，把穿衣与吃饭放在同等地位，为了发展生产、保障供给，制定和出台了一系列的政策和措施。

（一）计划经济时期

20世纪70年代及以前的计划经济时期，国家制定出台了一系列政策，鼓励发展棉花生产，稳定市场，保障供给。主要措施：一是制定收购价格，保证棉农的经济收入；二是安排好主产棉区农民的粮食供应，保证棉区农民有粮吃；三是提供棉花生产资金，优惠供应化肥、农药等生产资料。

（二）计划和市场结合时期

1978年改革开放以后，国家继续鼓励发展棉花生产，市场逐步放开，取消统购统销合同收购和合同销售，出台指导价，提高收购价格，并且价格由市场形成，棉花生产补贴由多到少再到取消。

（三）市场经济时期

为了提高棉花产能，促进棉农增收，市场经济时期国家出台多项政策。

1. 良种补贴　2007年中央财政拿出5亿元对典型棉花产区进行良种补贴，2009年至今补贴覆盖全国棉花产区，补贴标准为每亩15元，补贴对象为棉农。

2. 高产创建　2009年至今在全国200个万亩片开展棉

花高产创建行动，2011 年增加 60 片至 260 片，每片面积 667hm^2（1 万亩），每片支持资金 20 万元。

3. 推广轻简育苗移栽 自 2009 年起，农业农村部在湖南、湖北、安徽、江西、江苏、河南、山东、河北和天津等 9 省份开展棉花轻简育苗移栽示范工程，每省份每年支持资金 100 万元补贴育苗移栽。这是棉花方面首次对单项关键技术给予经费支持的项目，可见轻简技术对棉花生产的重要程度。

4. 商品棉基地建设 自 1985 年以来开展优质棉生产基地建设，每县支持国拨资金 150 万～200 万元建设棉花良种繁育加工工程，续建 300 多次。

5. 新疆特大商品棉生产基地建设 自 1996 年以来，国家支持新疆发展“一黑（石油）一白（棉花）”战略，投入资金支持新疆建设特大优质商品棉生产基地。经过 15 年建设，全疆棉花生产能力、科技创新能力、生产保障能力、生产服务能力、生产社会化服务能力和棉花质量检验检测能力得到全面提升。“十二五”期间，国家继续支持新疆建设特大优质商品棉生产基地，投入资金 14.3 亿元，提升育繁推一体化能力、棉花科技创新能力、棉花科技支撑能力。

6. 出台棉花托市和临时收储政策 2008 年秋，美国华尔街次贷危机诱发的全球金融危机对中国棉花产生明显冲击，为了解决“卖棉难”问题，切实保护农民利益，当年 9 月，国家出台 12 600 元/t 的托市收购价，收储皮棉 196.5 万 t，占总产量的 40.4%。2011 年 3 月国家出台临时收储政策，收储价 19 800 元/t，比 2008 年度托市收储价提高了

57.1%，到 2012 年 3 月底收储皮棉 313 万 t，占 720 万 t 总产量的 43.5%。2012 年 1 月出台临时收储政策，收储价提高 3%，达到 20 400 元/t，到 2013 年 3 月底收储皮棉 635 万 t，约占总产量的 80%多。2013 年 1 月继续实施 20 400 元/t的临时收储政策，到 2014 年 3 月底国家收储皮棉 501 万 t，占总产的 80%。2014—2016 年，国家取消临时收储政策，决定在新疆尝试棉花目标价格改革，设定目标价格为 19 800 元/t、19 100 元/t 和18 600 元/t，生产者按市场价格出售棉花，当市场价格低于目标价格时启动补贴，试图缩小中国棉价高于国际市场的差异，保护棉农和纺织工业的利益。2017—2019 年，针对新疆产区设定棉花目标价格 18 600 元/t。

7. 出台出疆原棉、棉纱和棉布补贴政策 为了平衡市场各主体利益，支持新疆棉花生产发展，解决产区与销区运输距离长达 3 500km 的高额运费问题，2008 年出台出疆原棉运输补贴政策，补贴 400 元/t；2011 年提高到500 元/t。2011 年国家还出台了出疆棉纱、棉布运输的补贴政策，补贴标准 500 元/t，并仍在持续。

8. 积极开展农业保险探索 自 2006 年起，农业保险在湖南、湖北、安徽、江苏、河南、山东、河北、新疆等棉区进行棉花保险试点，有效减轻了灾害损失，弥补了农民收益损失，但农业保险对减轻农业自然灾害的作用还有限。

9. 农机补贴 2014 年以来，对大型棉花采摘机单机补贴限额可提高到 30 万元，新疆维吾尔自治区和新疆生产建设兵团补贴可提高到 40 万元。2006 年取消农业税，棉花生产不再承担农业税税赋。21 世纪以来，农业方面开展了第二次土壤普查、测土配方施肥、植保专业化统防统治以及农机购置补贴等，棉花也是受益者。

三、棉花科学技术研究和开发

我国科技不断进步，建立了完整和运行健康的棉花科学技术研究体系，不断增加棉花科研投入，不断提高棉花科学技术研究水平，不断提高支持棉花生产发展能力。这是中国棉花发展的又一重要经验。

（一）棉花科学技术研究体系

中国棉花科学技术研究体系包括国家和地方两个层级。国家建有专业棉花科研机构——中棉所，成立于 1957 年 8 月，位于河南省安阳市。这是一家面向全国组织和研究解决棉花生产中的关键技术问题及基础理论应用的国家级专业研究机构。中棉所设有生物技术、种质资源、遗传育种、耕作栽培和植物保护等研究室。这里人才集聚，专业研究人员近 300 多人，其中中国工程院院士 1 人，欧亚科学院院士 1 人，国家级和农业农村部部级专家 10 人。现在建有更细的专业研究团队 15 个，每个团队由 1 名首席科学家领衔。在中国农业科学院研究生院之下，中棉所每年招收硕士、博士研究生 60 多人，在读研究生达到 300 多人，其中部分学生来自非洲、亚洲的多个国家。

中棉所合计培育棉花新品种 100 多个，历史上中棉所系列品种曾占全国棉花播种面积的 50%。还研究提出一系列棉花高产栽培技术、病虫害防治技术、科学施肥技术等，在棉花生产中发挥积极作用。中棉所组织编撰出版了《中国棉花栽培学》《当代全球棉花产业》《中国棉花遗传育种学》和系列《中国棉花景气报告》等学术著作。中棉所主编出版专业学术杂志《棉花学报》、*Journal of Cotton Research* 和《中国棉花》。同时，四川、湖南、湖北、江西、江苏、浙江、河南、山东、河北、山西、新疆、甘肃、辽宁等产棉省份都建有省市级棉花（经济作物）专业研究机构，研究解决本地区的棉花生产技术问题。此外，棉区一些农业类大学，如华中农业大学、南京农业大学、中国农业大学、山东农业大学、河北农业大学、新疆农业大学、石河子大学、塔里木大学等设有棉花专业，相关科研和教学人员从事棉花育种、栽培、植保和机械化的技术和理论研究。

（二）国家棉花产业技术体系

2007 年，国家建立了现代农业产业技术体系，棉花是国家现代农业产业技术体系重要组成部分，设立首席科学家、岗位科学家和综合试验站，分布在全国各棉区。2007—2015 年，国家棉花产业技术体系设立棉花技术岗位科学家 25 个，每个岗位科学家资助从 50 万元/年提高到 70 万元/年；2016—2020 年设立棉花体系岗位科学家 28 个，每个岗位科学家资助 70 万元/年。设置科学家的岗位有：棉花分子和遗传资源、棉花育种和良种繁殖、植保、栽培、土壤肥料、农机化、棉副产品综合利用和棉业经济等。2007—2015 年，国家棉花产业技术体系设立棉花综合试验站 24 个，每个试验站资助 30 万元/年；2016—2020 年设立综合试验站 25 个，每个试验站资助 50 万元/年。综合试验站分布在长江流域、黄河流域、西北内陆和辽河流域棉区各地。重要职责是承接科学家新品种、新技术的试验研究和示范，棉情调研和防灾减灾，技术培训和推广等。每个科学家团队和综合试验站由5～7个成员组成，集合全国棉花专业人数达到300人。同时，一些集中产区，像湖南、湖北、安徽、山东、河南和河北等也建有地方性的棉花技术体系，研究解决本地的棉花生产技术问题。为了配合现代农业产业技术科学研究工作，国家还设立公益性行业（农业）科研专项，集中研究棉花技术问题。

（三）棉花生物学国家重点实验室

2011年，由科学技术部批准建立了棉花生物学国家重点实验室，依托单位为中棉所和河南大学。国家每年提供经费支持，采用竞争性方法进行评价，在每轮国家实验室评价之中列为末尾将被淘汰。棉花生物学国家重点实验室按照“开放、流动、联合、竞争”的思路运行，以学科发展前沿和国家重大战略需求为导向，围绕棉花生物学重大科学问题开展创新性、系统性的基础和应用研究，为棉花高层科研人才培养和交流提供平台。棉花生物学国家重点实验室主要研究方向有：棉花基因组学及遗传多样性研究、棉花品质生物学及功能基因研究、棉花产量生物学及遗传改良研究和棉花逆境生物学及环境调控研究。拥有先进仪器设备和一流专业科研人员。自2011年成立以来，研究发表一系列高水平论文，对认识棉花的起源、遗传进化、分子克隆、基因标记、分子辅助育种方法、抗性生理和分子等生物学的理论、方法具有重要作用，为棉花的科学进步做出了重要贡献。

（四）棉花试验研究投入

国家十分重视棉花科技进步，通过科技攻关计划、863计划、973计划和农业农村部、财政部、国家自然科学基金委员会等政府部门的专项资金支持棉花试验研究和发展。据彭军和毛树春等（2012）的不完全统计，在2001—2010年的10年间，全国棉花领域共主持、承担的国家级、部委级（不含任何地方）的各类科学技术试验研发项目近500项，资助总经费（不含任何基本建设和大型科研仪器设备购置费）75 091.64万元。其中，“十五”时期（2001—2005年）棉花领域获得资助经费8 707.70万元，“十一五”时期（2006—2010年）66 383.94万元，比“十五”时期增长了6.6倍。其中后5年（2006—2010年）资助经费占10年总经费的比重高达88.4%（表3-6）。在2001—2010年的总经费中，转基因棉花新品种选育重大专项资助经费35 508.91万元，占47.29%；国家棉花产业技术体系和公益性行业（农业）科研专项资助经费13 893万元，占18.50%；国家自然科学基金8 003.2万元，占10.66%；863计划项目和973计划项目资助经费7 373.03万元，约占9.82%；国家科技攻关计划和支撑计划项目资助经费4 417.50万元，占5.88%；发展棉花生产资金、跨越计划和农业结构调整项目资助经费2 426万元，占3.23%。成果转化项目资助经费930万元，占1.24%；其他项目资助经费2 540万元，占3.38%。科研费用的增长带来科研产出能力的大幅度提高。以棉花品种为例，2006—2010年通过国家和省级审定的品种数量603个，比2001—2005年审定的258个和1996—2000年审定的124个，分别增长了1.3倍和3.9倍。2011年以来，国家对棉花的科研投入不断增长，包括新品种培育和新技术研究的产出也在不断增长。2015年以来，中国农业科学院设立了农业科学技术创新工程，中棉所获得的资助经费达到3 000万元/年。国家还大力支持科研机构的基本条件和基础设施建设，以提升科研的自身能力，促进棉花科学研究发展，支持棉花生产的技术进步。中国棉花科研机构除进行技术研究、推广和培训以外，还注重软学科的研究和信息化服务，包括研究和参与棉花科学研究规划和棉花生产发展规划等。其中，中国棉花长势监测预警研究就是一个成功的例子——依托中棉所专家于2003年生成的中国棉花生产景气指数（CCPPI）和中国棉花生长指数（CCGI），在产业界具有较强的影响力。

表3-6　2001—2010年棉花领域试验研究项目和资助经费

项　　目	资助项目/项	资助经费/万元	经费占比/%
2001—2010年	496	75 091.64	100.00
其中：2001—2005年	226	8 707.70	11.60
2006—2010年	270	66 383.94	88.40
其中：			
转基因棉花新品种选育重大专项	24	35 508.91	47.29
国家棉花产业技术体系和公益性行业（农业）科研专项经费	6	13 893.00	18.50
国家自然科学基金	294	8 003.20	10.66
“863”计划项目和“973”计划项目	32	7 373.03	9.82

（续）

项　　目	资助项目/项	资助经费/万元	经费占比/%
国家科技攻关计划、支撑计划项目	21	4 417.50	5.88
发展棉花生产专项资金、跨越计划和农业结构调整	33	2 426.00	3.23
成果转化项目	13	930.00	1.24
其他	73	2 540.00	3.38

数据来源：毛树春，谭砚文，2013。

第四章　中国棉花流通、加工、标准、检验与管理服务

中国棉花流通和加工业是一个独立系统，先后经历了隶属全国供销合作总社的棉麻公司到独立于市场成为市场主体的漫长变革过程。

第一节　棉花收购、流通及改革

一、中国棉花流通政策

中华人民共和国成立以来，中国棉花流通环节大致划分为自由购销时期（1949—1954 年）、计划收购（统购统销）时期（1954—1985 年）、合同定购时期（1985—1992 年）、政策连续调整时期（1993—1999 年）和市场经济时期（1999 年以后）。

从 1999 年起及 2001 年加入世界贸易组织后，按照社会主义市场经济体制，国家对棉花流通体制进行了全面改革，并持续至今。这次改革的主要目标：一是建立起在政府指导下由市场形成棉花价格的机制；二是拓宽棉花经营渠道，减少流通环节；三是培育棉花交易市场，促进棉花有序流通。

改革的主要内容有："一放""二分""三加强"，走产业化经营的路子。"一放"即放开棉花收购，打破垄断经营，是这次改革的核心，也是鼓励有序竞争、发挥市场调节作用的根本前提。"二分"即实行供销社与棉麻公司、企业分开，储备与经营分开，实质上就是深化棉花收购、加工和流通企业改革，使其真正成为自主经营、自负盈亏、自我发展、自我约束的经济实体，是这次改革的关键。"三加强"即加强国家宏观调控、加强市场管理和加强质量监督。这是放开市场之后，促进供求基本平衡、维护市场秩序、确保质量的重要保障。

2001 年，国务院决定放开棉花收购，鼓励公平有序竞争，凡符合《棉花收购加工与市场管理暂行办法》规定、经省级人民政府资格认定的国内各类企业，均可从事棉花收购。

2017 年 1 月 12 日，国务院常务会议决定取消棉花加工资质认定等 53 项行政许可，宣布废除轧花厂认证制度，改为商业登记制度。当年 3 月 30 日，国家质量监督检验检疫总局、国家发展和改革委员会联合发布《关于取消棉花加工资格认定行政许可后加强棉花质量事中事后监管的通知》。今后将加强棉花质量事中事后的管理和服务，提出建立棉花质量的可追溯制度。这样，经过漫长的改革之路，我国棉花流通加工领域的改革已全部到位，棉花加工、流通将依靠市场配置资源，政府有关部门将对棉花质量开展事中事后的监督管理和服务。

市场经济体制下，棉花收购放开催生了棉花收购经纪人，作为联系棉农和轧花厂的中间商，收购棉农籽棉，集中转卖给轧花厂。这种收售模式方便灵活，符合市场经济规律，也方便了棉农，但存在掺杂使假行为，需通过改革和培育，提高规范运作水平。

二、中国棉花收购的结算方法

棉花交售、贸易中一般不提倡使用毛重或净重来结算，棉花国家标准要求使用公定重量结算。在籽棉收购时，同样要求使用公定衣分率和籽棉折合皮棉的公定重量进行结算。

籽棉收购检验包括称重、含杂率检验、回潮率检验、籽棉折合皮棉的公定重量计算。

（一）称重

籽棉的称重是一般常识性的步骤，标准未作出具体的规定。籽棉的称重发生在农商环节，不需要出具检验证书。但贸易双方应当注意的是，所使用的衡器设备应当符合规定要求。

（二）籽棉试轧

对抽取的籽棉试样每份称取 1kg。用锯齿衣分试轧机轧花，要求不出破籽。将轧出的皮棉称量，称量结果都精确到 1g。

（三）含杂率检验

收购时棉花含杂率可以机检，也可以进行估验，估验结果应经常与按照 GB/T 6499—2012 进行检验的机检结果相对照，及时调整估验水平。如贸易双方中的任何一方对估验结果有异议，要以按照 GB/T 6499—2012 进行检验的机检结果为准。

（四）回潮率检验

籽棉的回潮率检验，实际上是对试轧后的皮棉进行回潮率检验，检验方法按照 GB/T 6102.1—2006 或 GB/T 6102.2—2012 执行，收购工作中按照 GB/T 6102.2—2012 执行。

对于回潮率超过 10%的籽棉，收购和加工时，应做晾晒、烘干等技术处理。如加工成皮棉后，回潮率超过 10%，贸易中特别是收储时将作为超水棉处理。

（五）籽棉折合皮棉的公定重量计算

籽棉公定衣分率按照公式（4-1）计算，结果保留一位小数：

$$L_0 = \frac{G}{G_0} \times \frac{(1-Z)\times(1+R_0)}{(1-Z_0)\times(1+R)} \times 100\% \qquad (4-1)$$

式中：

L_0：籽棉公定衣分率，单位为%；

G：从籽棉试样轧出的皮棉重量，单位为克（g）；

G_0：籽棉试样重量，单位为克（g）；

Z：轧出皮棉实际含杂率，单位为%；

Z_0：皮棉标准含杂率，单位为%；

R_0：棉花公定回潮率，单位为%；

R：轧出皮棉实际回潮率，单位为%。

对两个及以上试样时，以每个试样籽棉公定衣分率的算术平均值作为籽棉平均公定衣分率，结果保留一位小数。

籽棉折合皮棉的公定重量按公式（4－2）计算，结果保留一位小数：

$$W_L = L \times W_0 \quad (4-2)$$

式中：

W_L：籽棉折合皮棉的公定重量，单位为千克（kg）；

W_0：籽棉重量，单位为千克（kg）；

L：相应籽棉公定衣分率，单位为%。即1个试样时为L_0，1个以上试样时为各试样的平均公定衣分率。

第二节　中国棉花质量标准

一、锯齿加工细绒棉质量标准

《棉花 第1部分：锯齿加工细绒棉》（GB 1103.1—2012）为国家标准。

该标准规定了锯齿加工的细绒棉的质量要求、分级分档规定、检验方法、检验规则、检验证书、包装及标志、储存与运输要求等。修订内容涉及棉花品级、长度、异性纤维含量要求、抽样规则、检验方法、检验顺序、组批规则、检验证书等方面。核心部分是对棉花品级指标进行改革。

检验指标：颜色级、轧工质量、长度、马克隆值、回潮率、含杂率、断裂比强度、长度整齐度指数、危害性杂物（成包皮棉异性纤维含量）、反射率和黄色深度等。

（一）轧工质量

轧工质量是原棉花标准中品级的三条件之一，是反映棉花质量的一个重要指标。轧工质量分好、中、差三档，分别用 P1、P2、P3 表示（表 4－1）。

表 4－1 锯齿棉轧工质量参考指标

加工质量分档	索丝、僵片、软籽表皮/（粒/100g）	破籽、不孕籽/（粒/100g）	带纤维籽屑/（粒/100g）	棉结/（粒/100g）	疵点总粒数/（粒/100g）
好，P1	≤230	≤270	≤800	≤200	≤1 500
中，P2	≤390	≤460	≤1 400	≤300	≤2 500
差，P3	>390	>460	>1 400	>300	>2 550

资料来源：中国农业科学院棉花研究所，2019。

注：疵点包括索丝、软籽表皮、僵片、破籽、不孕籽、带纤维籽屑及棉结 7 种；轧工质量参考指标仅作为制作轧工质量实物标准和指导棉花加工企业控制加工工艺的参考依据；疵点检验按 GB/T 6103—2006 执行。

轧工质量检验采用对照实物标准感官检验。实物标准是感官评定棉花轧工质量的依据。轧工质量实物标准分保存本、副本和仿制本。保存本为副本更新的依据，副本为仿制本制作的依据。轧工质量实物标准应每年更新，并保持各档指标的稳定。轧工质量实物标准使用期限为一年（自当年 9 月1 日至次年 8 月 31 日）。

（二）颜色分级

颜色包括三个基本要素：色调、明度和饱和度。棉花颜色色调基本不变，因此可以用饱和度、明度来表示棉花颜色。在棉花颜色分级图中，纵向坐标用反射率（Rd）的百分数表示亮度（明度），横向坐标用黄色深度（$+b$）值表示饱和度。高等级靠近图的顶部，低等级靠近图的底部，灰色靠近左部，有染污和黄染的靠近右部，颜色级的文字描述见表 4－2。

表 4-2 颜色级文字描述

颜色级	颜色特征	对应的籽棉形态
白棉 1 级	洁白或乳白、特别明亮	早、中期优质白棉，棉瓣肥大，有少量的一般白棉
白棉 2 级	洁白或乳白、明亮	早、中期好白棉，棉瓣大，有少量雨锈棉和部分的一般白棉
白棉 3 级	白或乳白、稍亮	早、中期一般白棉和晚期好白棉，棉瓣大小都有，有少量雨锈棉
白棉 4 级	色白略有浅灰、不亮	早、中期失去光泽的白棉
白棉 5 级	色灰白或灰暗	受到较重污染的一般白棉
淡点污棉 1 级	乳白带浅黄、稍亮	白棉中混有雨锈棉、少量僵瓣棉，或白棉变黄
淡点污棉 2 级	乳白带阴黄，显淡黄点	白棉中混有部分早、中期僵瓣棉或少量轻霜棉，或白棉变黄
淡点污棉 3 级	灰白带阴黄，有淡黄点	白棉中混有部分中、晚期僵瓣棉或轻霜棉，或白棉变黄、霉变
淡黄染棉 1 级	阴黄，略亮	中、晚期僵瓣棉、少量污染棉和部分霜黄棉，或淡点污棉变黄
淡黄染棉 2 级	灰黄、显阴黄	中、晚期僵瓣棉、部分污染棉和霜黄棉，或淡点污棉变黄、霉变
淡黄染棉 3 级	暗黄、显灰点	早期污染僵瓣棉，中、晚期僵瓣棉、污染棉和霜黄棉，或淡点污棉变黄、霉变
黄染棉 1 级	色深黄，略亮	较黄的籽棉
黄染棉 2 级	色黄，不亮	较黄的各种僵瓣棉、污染棉和烂桃棉

颜色划分：白棉、淡点污棉、淡黄染棉、黄染棉4种类型。其中：白棉分5级，淡点污棉分3级、淡黄染棉分3级、黄染棉分2级，共13个颜色级，白棉3级为颜色级标准级（表4－3）。

表4－3 颜色分级及代码

级别	1白棉	2淡点污棉	3淡黄染棉	4黄染棉
1级	11	12	13	14
2级	21	22	23	24
3级	31	32	33	
4级	41			
5级	51			

（三）长度级别

《棉花 锯齿加工 细绒棉》(GB 1103.1—2012）规定，棉花长度的极差1mm，标准纤维长度分级如下：25mm，包括25.9mm及以下；26mm，包括26.0～26.9mm；27mm，包括27.0～27.9mm；28mm，包括28.0～28.9mm；29mm，包括29.0～29.9mm；30mm，包括30.0～30.9mm；31mm，包括31.0～31.9mm；32mm，包括32.0mm及以上。其中，28mm为长度标准级。棉花手扯长度实物标准根据纤维快速测试仪测定的棉花上半部平均长度结果定值。

（四）马克隆值分级分档

马克隆值是表述纤维细度和成熟度的指标，对定级定价有重要作用。马克隆值分3级5档（表4－4）。A级，马克隆值3.7～4.2，是最佳级别和最佳档次。B级则为标准级，分为：B1 档，马克隆值为 3.5～3.6，纤维从成熟到不成熟；B2 档，马克隆值为 4.3～4.9，纤维从成熟到过成熟。

表 4-4　马克隆值分级分档

分级	分档	马克隆值
A 级		3.7～4.2
B 级	B1	3.5～3.6
	B2	4.3～4.9
C 级	C1	3.4 及以下
	C2	5.0 及以上

（五）断裂比强度分档及代号

断裂比强度分 5 档，其代号见表 4-5。

表 4-5　断裂比强度分档

分档	代号	断裂比强度/(cN/tex)
很强	S1	≥31.0
强	S2	29.0～30.9
中等	S3	26.0～28.9
差（弱）	S4	24.0～25.9
很差（很弱）	S5	<24.0

注：断裂比强度为 3.2mm 隔距，HVICC 校准水平。

（六）长度整齐度指数分档及代号

长度整齐度指数分 5 档，其代号见表 4-6。

表 4-6 长度整齐度指数分档及代号

分档	代号	长度整齐度指数/%
很高	U1	≥86.0
高	U2	83.0～85.9
中等	U3	80.0～82.9
低	U4	77.0～79.9
很低	U5	<77.0

（七）成包皮棉异性纤维含量

成包皮棉异性纤维含量分为 4 档，分级标准见表 4-7。

表 4-7 成包皮棉异性纤维含量分档标准

分档	代号	成包皮棉异性纤维含量/(g/t)
无	N	0.0
低	L	<0.3
中	M	0.3～0.7
高	H	>0.7

（八）回潮率

棉花公定回潮率为 8.0%，棉花回潮率最高限度为10.0%。

（九）含杂率

棉花标准含杂率为 2.5%。

（十）棉花质量标识

按批检验的成包皮棉应标示棉花质量标识。质量标识：按主体颜色级、主体长度级、主体马克隆值级顺序标示；颜色级代号：按照颜色级代号标示；长度级代号：25～32mm，用“25”至“32”标示；马克隆值级：用 A、B、C 标示。例如：3128B——白棉 1 类 3 级，长度 28mm，马克隆值级 B 级；2227B——淡点污 2 类棉 2 级，长度 27mm，马克隆值级B级。

二、皮锟加工细绒棉质量标准

与锯齿加工细绒棉质量标准相比，皮锟棉没有颜色级，轧花加工参考指标见表4-8。

表4-8 皮辊棉品级条件及轧工质量参考指标

品级	成熟系数	断裂比强度/(cN/tex)	轧工质量		
			疵点/(粒/100g)	毛头率/%	黄根率/%
1级	≥1.6	≥30	≤1 000	≤0.4	≤0.3
2级	≥1.5	≥28	≤1 200	≤0.4	≤0.3
3级	≥1.4	≥28	≤1 500	≤0.6	≤0.5
4级	≥1.2	≥26	≤2 000	≤0.6	≤0.5
5级	≥1.0	≥26	≤3 000	≤0.6	≤0.5

资料来源：中国农业科学院棉花研究所，2019。

注：皮锟棉的马克隆值、长度整齐度指数、断裂比强度、异性纤维标准与锯齿棉一样，定级标准采用1～7级。

第三节 棉花加工环节的工艺要求

棉花加工也称籽棉加工或棉花初加工。棉花加工工艺过程是指直接对籽棉进行加工，使之成为皮棉、短绒、棉籽的过程，包括籽棉预处理、轧花、剥绒、打包等环节。棉花加工采用的设备可分为专用设备和通用设备两大类。专用设备是指棉花加工生产所需的设备，也就是本章所称的棉花加工设备，根据其在棉花加工工艺中所起作用大小，又可分为主要加工设备（轧花机、剥绒机、打包机）和辅助加工设备

（烘干设备、籽棉量自动控制设备、分离设备、清理设备等）。

通用设备是指非棉花加工生产特需的设备，如风机、除尘器、机械输送设备等。

一、轧花工艺及成套设备

全球棉花加工工艺流程在工艺环节大致相同，包括喂料、烘干、籽棉清理、轧花、皮棉清理、集棉、打包和刷唛等。

籽棉自控喂料：籽棉自动控制喂料器，三辊籽棉分离器、气动通大气阀。

烘干：燃烧器，热风机烘塔，内三辊籽棉分离器，内吸棉风机和籽棉避风阀。

籽棉清理和轧花机组：重杂物沉积器，籽棉避风阀，冲击式籽棉清理机配棉系统，还有作为辅助设备的三辊籽棉分离器。

皮棉清理：皮棉清理机使皮棉中的不孕籽、棉结、索丝、破籽减少，改善了皮棉外观形态，提高了轧工质量进而提高了轧花机产量，从而提高生产效率。

棉花加工新工艺成套设备的特点：工艺先进、完善，设备配置更合理；成套工艺加工性能好、效率高，自动化程度高；采用国际通用棉包，实行信息化逐包编码。国际通用棉包［包型：长×宽×高＝1 400×530×700（mm^3）；包重：227kg±10kg］实现了全国成包皮棉逐包编码，每包棉花有一个全国唯一的编码，记有该包棉花的身份和质量信息。

二、棉花轧花工艺过程

轧花是指棉籽上的长纤维分离下来，形成皮棉，并保留棉籽上短绒的加工过程。轧花分锯齿轧花和皮辊轧花。我国棉花手采与机采并存，因此轧花也分手采棉锯齿轧花工艺和机采棉锯齿轧花工艺。手采棉锯齿工艺中普遍采用一道皮棉清理，而机采棉工艺中则必须有一道皮棉清理，大部分均设置了二道皮棉清理。

（一）手采棉锯齿轧花

轧花机轧下的皮棉，由气流输送经过气流皮清机，在气流皮清机内通过离心力作用排出部分重、大的不孕籽，然后进入皮清机。手采棉锯齿轧花系统工艺流程如图 4－1 所示。

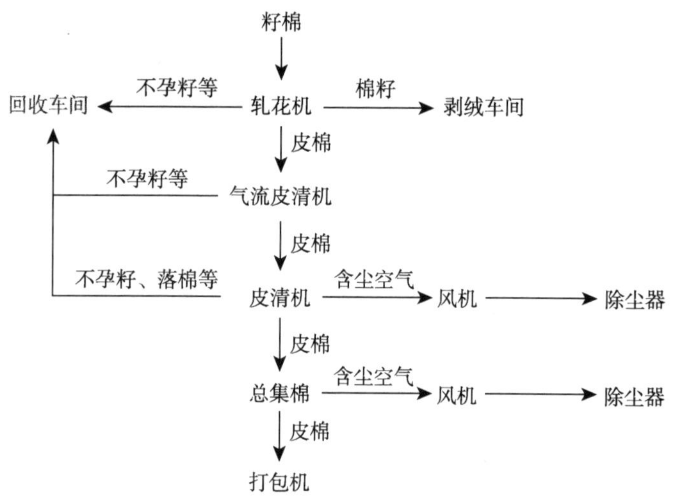

图 4－1　手采棉锯齿轧花系统工艺流程

（二）机采棉锯齿轧花

机采棉锯齿加工工艺设置了两台皮清机串联工作，两台皮清机之间的皮棉通道内可设置五通阀或两个四通阀形成旁路机构，以便对经过一道皮棉清理或两道皮棉清理做出选择。与手采棉相比，增加一道皮棉清理环节除需增加皮清机、一套气流输送装置外，还要增加运行费用、衣分损失。机采棉锯齿轧花工艺流程如图 4－2、图 4－3 所示。

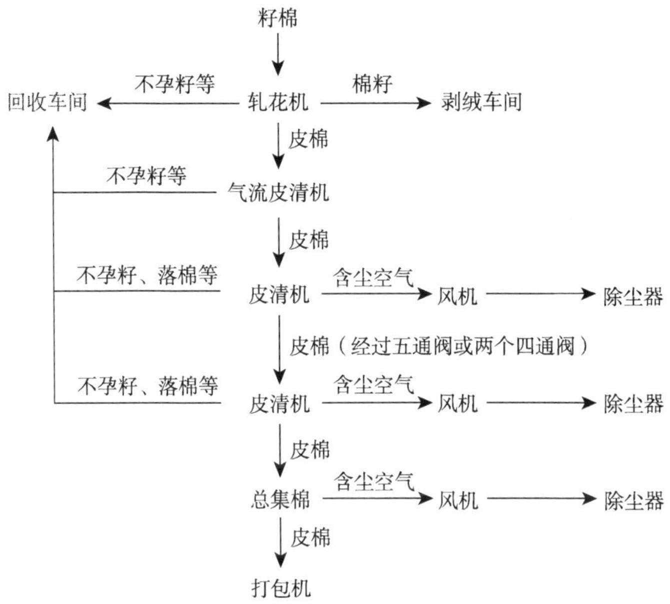

图 4－2　机采棉锯齿轧花工艺流程

（资料来源：中国农业科学院棉花研究所，2019）

（三）皮辊轧花

皮辊轧花机具有结构简单、造价低、轧花运动缓慢、不易轧断棉纤维等特点，原棉品质有保障，但杂质不易清除。

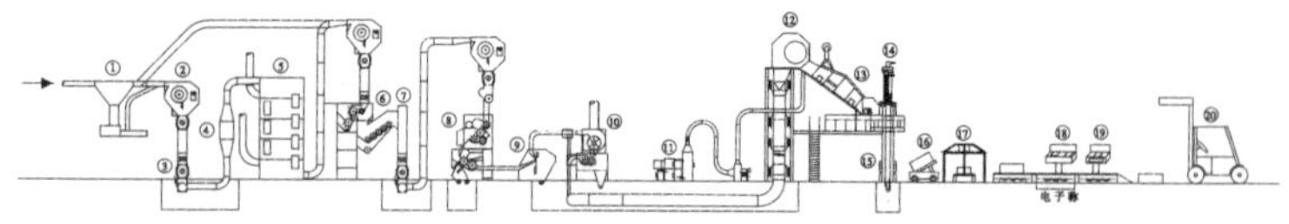

图 4－3　锯齿轧花工艺流程

①重杂物清理机　②卸料器　③喂料控制箱　④热风管　⑤烘干塔
⑥籽棉清理机　⑦溢流箱　⑧轧花机　⑨气流皮清机　⑩锯齿皮清机
⑪皮棉加湿　⑫集棉机　⑬皮棉溜槽　⑭⑮打包机　⑯接包车
⑰套包系统　⑱电子秤　⑲条码系统　⑳夹包车

因此，皮锟轧花工艺适用于长绒棉与成熟度较差的细绒棉。按皮辊轧花机主要工作部件动刀的运动形式不同，可分为冲刀式皮辊轧花机和滚刀式皮辊轧花机两种。

（四）我国的棉花加工机械制造公司

目前，我国最具典型性和代表性工艺系统是邯郸金狮棉机有限公司研发的棉花加工成套设备计算机管控系统、机采棉加工智能在线监测管控系统和山东天鹅棉业机械股份有限公司研发的Uster在线检测、智能控制、信息化管理系统。山东天鹅棉业机械股份有限公司是我国棉花加工机械的专业制造公司，产品类型齐全，系列机械产品有：提净喂花机系列、籽棉和皮棉杂质清除机系列、轧花机系列、打包机系列、剥绒机等，具有规划、设计、定制和配件供给能力。

三、棉花加工和检验环节的信息化管理

原棉的条形码信息管理系统是棉花质量检验体制改革的重要技术基础，承载每包棉花的全部信息，具有防伪和可查询等特点，适用于锯齿加工皮棉。

条码信息管理系统以条码作为棉花初始信息的载体，实现了棉花加工、检验数据的信息化管理。该项目的研制开发，改变了加工环节人工重复抄写报表、重复检验、手工抄写销售码单、销售时人工计算的现状，实现了自动采集初始信息，自动形成报表、码单，网上下载检验数据，即对加工、检验、销售信息实现有效管理、快速查询、统计、传输（图 4－4）。

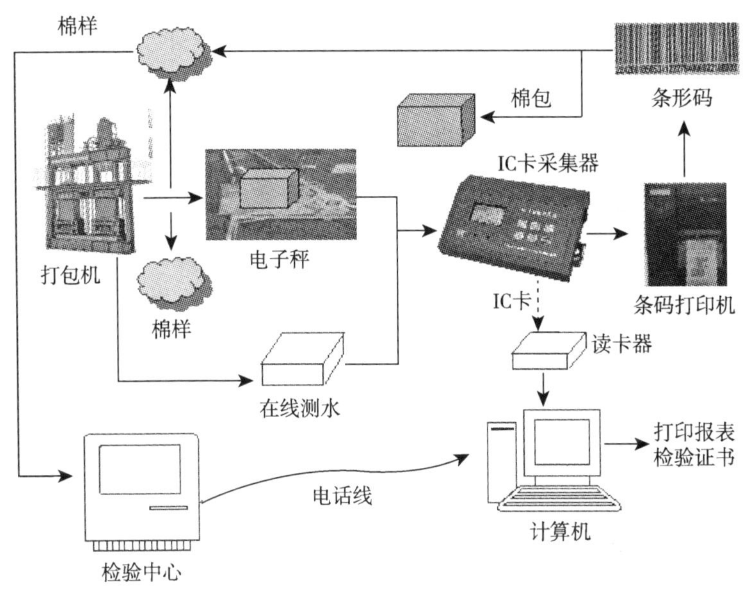

图 4－4 条码系统组成及工作流程

（资料来源：中国农业科学院棉花研究所，2019）

条码信息系统提供采集棉包初始信息、生成条码、准确与检验中心检验数据对接、完成轧花厂和棉麻公司内部管理、销售结算等功能。棉花质量检验体制改革方案中要求每个棉包都有全国唯一的身份标识——32 位条码，在质量检验、内部管理和棉包物流过程中通过条码记载的信息对棉包实现全面管理。经过检验的棉包都有批号，批号按 13 位数设置，第 1—5 位为企业代码，第 6—7 位为棉花生产年度，第 8—10 位分别为生产线号、垛号、加工类型，第 11—13 位为流水号。

中国棉花价格指数，如 CCIndex“3128B”中所包含的信息包括：“31”表示颜色级，为白棉 3 级的记号；“28”为纤维长度第 28.0～28.9mm 档的记号；“B”表示马克隆值在 B1 档的 3.5～3.6 或 B2 档的 4.3～4.9 范围，以此作为棉花定价与价格增减的基准。

第四节　中国棉花市场管理和服务

中国棉花市场的管理和服务涉及公证检验、棉花储备的收购和放储、中国棉花价格指数的生成、棉花收购贷款、期货交易及公益性行业服务等方面。

一、棉花公证检验

（一）公证检验

棉花公证检验是棉花质量评价和价格确定的基础。所谓棉花公证检验，即由专业纤维检验机构依据国家标准和有关规范，代表国家对棉花质量、数量组织实施检验并出具公证检验证书。2019 年全国提供棉花公证检验实验室 89 家，实验室总面积超过 8 万 m^2，拥有 HVI 仪器 500 多台（套），检验能力达到600多万t。公检结果是棉花交易价格结算的重要依据，为国家全面掌握生产、加工和国内贸易提供重要支撑。1997年以来公证检验不断发展，一是公证检验种类从经营商品棉、出库国储棉扩大到入库国储棉、电子撮合交易棉、期货交割棉；二是公证检验数量大幅增加；三是硬件保障，从感官检验发展到HVI仪器化检验。

（二）标准和检验方法

参考GB 1103.1—2012《棉花　第1部分：锯齿加工细绒棉》进行检验。

（三）质量检验和市场化改革

从2003年起建立科学、与国际接轨的棉花检验技术标准体系，主要内容：一是在加工环节实行公证检验，由纤维检验机构在加工环节进行包包检验。二是采用仪器进行检验，由以感官检验为主改为HVI大容量纤维测试仪检验。采用仪器化检验标准，检测长度、长度整齐度指数、马克隆值、断裂比强度、反射率和黄色深度等指标。三是采用国际通用棉包包型，改包重80kg的小包为大包，包重(227±10)kg。四是实行成包皮棉逐包编码的信息化管理等。

改革取得的主要阶段性成果：一是试点企业改造后全部采用标准加工工艺生产线，配备了检验仪器和设备，如籽棉“三丝”清理机、籽棉烘干机、皮棉异性纤维识别装置，核心设备是400t的大型打包机。二是采用国际通用的棉包包型和包装方式。三是使用条码技术，对成包皮棉逐包编码，实现信息化管理。

2011年度，全国新体制企业有1 738家，公证检验量

2 448.9 万包（553.3 万 t），新疆检验量占全国检验量的 60.1%。2012 年，全国有 88%的加工厂正常加工并开展检验，数量为 1 798 家，检验实验室有 74 家。2013 年，公证检验量 3 045.3 万包（689.5 万 t），比上年度同期增长 179.2 万 t，增长率 35.1%。2016 年，全国包括新疆棉花几乎全部实行包包检验。长度、强度、整齐度和马克隆值各项指标的相符率也稳中有升。2018/2019 年度和 2019/2020 年度，全国棉花公检的加工企业 922～967 家，公检皮棉产量达到 2 342.2～2 365.7 万包（528.6～537.2 万 t），公检进度在中国纤维质量监测中心网站发布（表 4－9）。

表 4－9　2018/2019 年度和 2019/2020 年度全国棉花公证检验公报统计

日期	公检加工企业/家			公检量/万包			公检量/万 t		
	全国	新疆	其余省份	全国	新疆	其余省份	全国	新疆	其余省份
2019-02-13	967	745	222	2 276.06	2 151.86	124.20	513.89	486.01	27.89
2019-03-09	967	745	222	2 312.55	2 183.30	129.20	522.13	493.13	29.01
2019-03-21	967	745	223	2 327.77	2 195.54	132.23	525.58	495.89	29.69
2019-04-08	968	788	180	3 115.66	2 260.34	855.32	529.69	510.48	19.21
2019-04-25	971	791	180	3 144.47	2 273.27	871.20	532.97	513.41	19.57
2019-05-14	971	791	180	3 153.41	2 274.58	878.83	533.44	513.70	19.74
2019-07-07	971	791	180	3 171.39	2 278.36	893.03	537.17	514.11	20.06
2019-12-12	922	795	127	1 608.46	1 569.60	38.86	363.1	352.4	8.3
2019-12-25	946	801	145	1 909.93	1 860.56	49.36	431.1	420.0	11.1
2019-12-31	951	803	148	2 478.68	1 943.38	535.3	450.8	438.7	12.0
2020-01-13	955	804	151	2 745.43	2 106.63	638.8	489.9	475.6	14.3

（续）

日期	公检加工企业/家			公检量/万包			公检量/万 t		
	全国	新疆	其余省份	全国	新疆	其余省份	全国	新疆	其余省份
2020-01-16	956	804	152	2 805.05	2 131.35	673.7	496.3	481.1	15.1
2020-01-20	956	804	152	2 858.61	2 156.21	702.4	502.5	486.7	15.1
2020-02-27	959	808	151	2 833.12	2 162.22	670.9	503.1	488.1	15.1
2020-03-16	959	808	151	2 839.65	2 162.35	677.3	503.3	488.1	15.2
2020-04-21	960	809	151	2 942.75	2 247.65	695.1	523.0	507.9	15.6
2020-06-07	961	810	151	2 978.82	2 271.41	707.41	528.6	512.7	15.9

数据来源：整理自中国纤维质量监测中心网站。

二、中国棉花储备制度

棉花储备是国家的一种制度安排，以保障原料的全年供需平衡，满足生产季节（旺季）和非生产季节（淡季）的市场需求，也是棉花流通重要环节，国家棉花储备由中国储备棉管理总公司（以下简称中储棉公司）承担，是一家政策性的国家企业，2016 年并入中国储备粮公司。国家储备棉制度始于 20 世纪 60 年代，储备制度发展经历了以下几个阶段。

第一阶段，20 世纪 60 年代，棉花定位为国家战略物资，为了备战备荒，调节丰歉，保证军用、民商供应，设立了储备棉制度，储备资金由中央财政直接拨付。

第二阶段，20 世纪 80 年代，储备棉成为解决农民“卖棉难”的保障。1982—1985 年，储备棉在产地储备。1984 年储备棉总量 440 余万 t。储备棉资金由中央财政直接拨款改为银行贷款，中央财政负担利息。

第三阶段，20 世纪 90 年代中期以后，储备棉逐渐成为国家宏观调控手段。1966—1999 年的 33 年，国家储备入库 669 万 t，出库销售 454 万 t，轮换储备棉 150 万 t。储备棉所需资金：1995 年以前中央财政负担储备棉的贷款利息，保管费用由承储单位负担。1995 年开始中央财政负担储备棉的保管费用，每吨每年 160 元。2003 年实行储备棉管理与经营分开，成立了中储棉公司，具体负责国家储备棉的管理，该公司隶属国务院国有资产监督管理委员会管理，业务由国家发展和改革委员会指导。2011—2013 年，中储棉公司收购原棉 1 300 多万 t。2017—2019 年，共向国内市场投放 700 多万 t。

三、全国棉花交易市场

棉花交易市场是指国家储备棉和由国家调控临时收储的商品棉花的一种“卖方”交易。这一交易工作由全国棉花交易市场承担完成。

1999 年 4 月，全国棉花交易市场成立，遵循公开、公平、公正原则，承担着组织储备棉和临时收储商品棉的交易工作，提供原棉交易结算、实物交收、仓储物流、贸易融资、信息咨询和人才培训等服务，成为国家宏观调控的重要抓手，在交易中还有发现价格、规避风险和传递信息等多种功能。

2002 年，全国棉花交易市场与中国棉花协会合作生成中国棉花价格指数（CC Index），有效反映全国棉花供需和现货市场价格的变化。每个工作日生成，在中国棉花信息网（http：//www.cottonchina.org.cn/）和中国棉花协会网站（http：//www.china-cotton.org/）发布。

四、中国棉花期货市场

郑州商品交易所成立于 1990 年 10 月，是国务院批准成立的首家期货市场试点单位，由中国证券监督管理委员会管理。郑州商品交易所按照《期货交易管理条例》和《期货交易所管理办法》履行职能。依据《郑州商品交易所章程》《郑州商品交易所交易规则》及其实施细则和办法实行自律性管理。遵循公开、公平、公正和诚实信用的原则，为期货合约集中竞价交易提供场所、设施及相关服务，对期货交易进行市场一线监管，防范市场风险，安全组织交易。

2004 年 6 月 1 日，中国棉花期货合约在郑州商品交易所上市交易，经过 16 年的发展，发挥了期货市场套期保值、发现价格的功能，已成为国内棉花市场的重要定价平台，其发现价格、套期保值的市场功能得到了验证。到 2012 年底，累计成交棉花期货合约 5.6 亿手（每手 5t），共计折合 28 亿 t，累计成交金额 65.74 亿元；实物交割累计 227 120 手，实际交割率 0.04%。

五、中国棉花协会

2003 年 6 月 1 日，中国棉花协会成立，是国内第一家由棉农及棉农合作组织，棉花生产、收购、加工、经营、仓储企业，棉机制造企业，棉纺织企业，地方棉花协会和棉花研究机构等全国涉棉企业和组织自愿组成，具备全国性社会团体法人资格的非营利性社会组织，现有会员 3 600 多个，其中棉农会员 3 400 多个，秉持和发挥服务、协调、自律、维权作用，成为连接棉农、企业和政府之间的桥梁和纽带。

协会积极争取行业政策、参与宏观调控、扩大国际影响，完成了中国棉花预警系统、棉花贸易规则、中国棉花品质证明商标、棉花贸易诚信体系等项目。依托协会，探索建立了具有公益性、经济性、开放性特点的中国棉花预警系统，出版会员专刊《中国棉业》，每月发布《中国棉花形势报告》，建立中国棉花协会网站（http：//www.china-cotton.org/），为棉花生产、流通、消费提供信息参考，得到国内外涉棉机构的好评。

第五章　中国棉花消费和贸易

中国是棉纺织大国、棉花进口大国和棉纺织品出口大国。自2001年中国加入世界贸易组织（WTO）以来，随着全球纺织品贸易一体化进程的加快，凭借丰富的原料供给、充裕的人力资源、娴熟的劳动技能、较低的劳动力成本、完整的产业链条，棉纺织业发展较快。但是，随着中国经济社会发展及国际市场的变化，近20年棉纺织产能经历了快速扩张达到顶峰再到不断收缩的发展过程。

第一节　棉花纺织消费

一、纺织纱锭、纱产量和棉纺织用棉

纱锭是纱线加工的工具和基础装备，是判断纺织业产能的基本指标；纱线产量是纺织品服装的初级产品和深加工产品的基础产量；棉纺织用棉是棉花作为工业原料的基本用途和工业价值的基本体现。

2000—2019年，中国棉纺纱锭产量从3 548万锭增加到11 200万锭，增长了215.7%，年均增长率6.24%。棉纺纱锭生产发展历程可大致归纳为以下几个阶段：2000—2006

年为快速增长阶段，是加入 WTO 后的第一个快速扩张期，纱锭达到 8 500 万锭；2007—2009 年为第二个快速扩张期，纱锭进入 1 亿锭级，达到 11 000 万锭；2010 年进入高峰，纱锭达到 12 000 万锭，到 2019 年保持纱加工产能的相对稳定（图 5－1）。

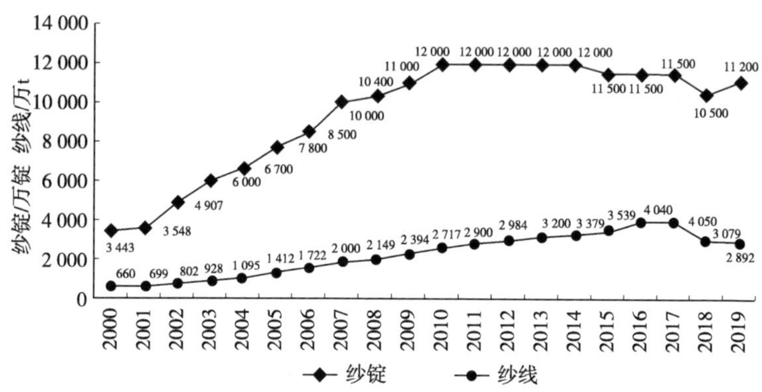

图 5－1　2000 年以来全国纱锭和纱线产量变化

（数据来源：中国市场和产业估计数据）

2000—2019 年，中国纱线产量从 660 万 t 增长到 2 892 万 t，增长 338.2%，年均增长率 8.09%。大致划分为“快速增长—再次增长—高峰—下降”4 个阶段：2000—2006 年为快速增长阶段，为加入 WTO 后第一次快速扩张，纱线产量突破 1 000 万 t 级，达到 1 700 万 t，增长了 1.58 倍；2007—2012 年为第二次扩张，纱线产量达到 2 000 万 t级，最高 2 900 万 t；2013—2015 年为第三次扩张，纱线产量达到 3 000 万 t 级，2016 年和 2017 年达到高峰，纱线产量达到 4 000 万 t 级；2018 年和 2019 年为下降阶段，纱线产量下降到 2 000 万 t 级（图 5 - 1）。

2000—2019 年，中国棉纺纱线用棉量从 450 万 t 增长到 669 万 t，增长 48.7%，年均增长率 2.11%。整体上，纺纱用棉量呈现典型开口向下的抛物线，大致划分为“快速增长—高峰—下降”3 个阶段：2000—2005 年，纺织用棉增长 1.18 倍达到 980 万 t；2006—2010 年攀上高峰，用棉量进入 1 000 万 t 级，最高达到 1 350 万 t；2011 年之后纺织用棉大幅下降，在 675 万～800 万 t。造成用棉减少的原因非常复杂，其中国内棉花价格高于国际市场是最主要原因之一，由于国内棉价过高导致化学纤维替代棉花的能力增强；各年用棉量及增减比例变化还与当年棉花价格有紧密关系。同时，与劳动力成本不断上涨，以及纺织产业的结构和布局变化等因素也有密切关系（图 5 - 2）。

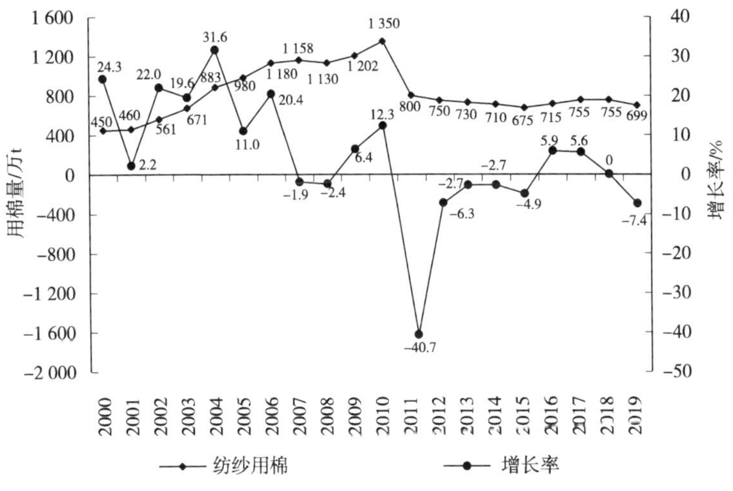

图 5 - 2　2000 年以来中国棉纺纱线用棉量变化

需要指出的是，纺织纱线中的用棉比例，20 世纪 70 年代 100%为棉花，那时全球还没有纺织用的化学纤维。80 年代化学纤维开始进入棉纺织业，纱线中棉花所占比例在 80%以上，90 年代下降到 75%左右。进入 21 世纪，由于化学纤维的多样化、多功能产品不断进入纺织业，2000—2009 年纺织表观用棉比例平均值为 65.6%，2010—2019 年平均值为 25.0%，其余近 75%都为化学纤维，以及少量的麻和丝原料（图 5－3）。

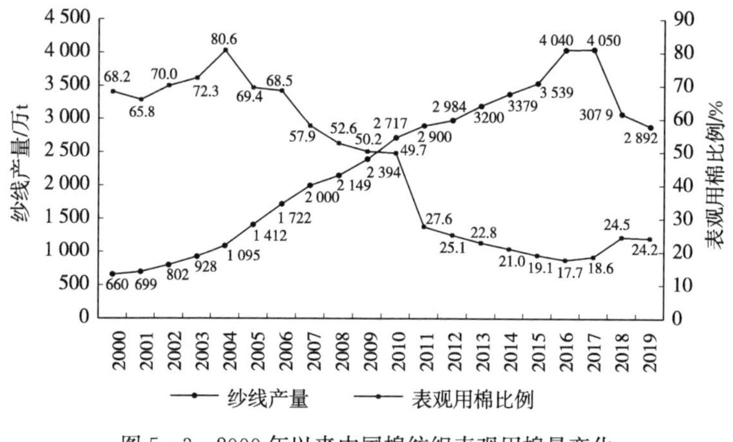

图 5－3　2000 年以来中国棉纺织表观用棉量变化

二、棉纺织技术装备的改进提升

棉纺织行业随着技术装备水平不断提高，产品结构不断优化，满足了国际国内市场不断升级的消费需求。棉纺织加工原料由棉与棉型化纤混纺扩大到棉与毛、丝、麻以及各种差别化、功能性纤维的混纺，不断开发的新型纱线使产品更加精细化、功能化。根据中国棉纺织行业协会测算，2010 年各种新型纱线产量合计已经超过900万t。棉纺业关键设备的技术改造使“三无一精”产品比重得到较大提高，无卷化率，无结头纱、无梭布和精梳纱比例，2015年分别提高到48.1%、85.0%、86%和28.5%。

我国纱支数不断提高。平均纱线支数，1980年20S，2000年27S，2010—2019年从31.5S上升至33.3S。平均纱支在32～60S的企业占比由2013年的55%上升至2019年的65%，生产高支纱的企业数量越来越多。

棉纺通过自动化、连续化和高速化工艺技术的推广应用，提高了生产效率和产品质量，近年来在棉纺中得到重点应用的工艺主要围绕缩短流程、减少用工和提高品质几个重要环节。

（一）清梳联系统

到2009年年底，纱锭采用清梳联设备达到46.5%，新装备不断提高这一比例。清梳联设备流程短，适纺性强，实现了清花短流程，梳棉高产、高质、大卷装。近几年国内新增和技改项目，自主化清梳联设备占85%左右。

（二）细络联纺纱系统

细络联在原自动络筒机投资额的基础上增加细纱到络筒的连接部分，细纱机带集体落纱，与非集体落纱细纱机相比，生产万锭细纱用工可以减少50%，并且落纱、插管全部自动化，既减少了落纱工人、运纱工人数量，也提高了劳动生产率和纺纱质量，降低了劳动强度。

（三）新型纺纱技术

我国新型棉纺织技术的应用范围逐步扩大，紧密纺、喷气纺、涡流纺及转杯纺等新型纺纱技术的应用，在纺纱结构、喂入方式、新型多纤维复合混纺、工艺参数等方面创新技术，为下游工序加工出了风格各异的纱线新品种，不仅满足了市场需求，也给企业带来较好的效益，2010 年新型纺纱产量占全部纱产量的 20%左右。2010 年以来国产紧密纺技术和装备发展迅速，每年全国新增的紧密纺锭约 100 万锭，环锭纺、转杯纺、喷气涡流纺三种主要纺纱方式的产能占比由 2010 年的 88∶11∶1，调整到 2019 年的 74.1∶21.9∶4。其中国产设备占 70%以上（表 5-1）。

表 5-1 2010—2019 年棉纺织行业先进设备应用情况

项目	2010 年	2015 年	2019 年
喷气涡流纺/万头	7.95	13.50	22.40
紧密纺/万锭	720	2 107	3 740
细纱长车/万锭	470	2 486	3 760
粗细联/万锭	25	230	940
新型转杯纺/万头	33	85	160

数据来源：中国棉纺织行业协会。

（四）精梳工艺

精梳在棉纺中去除棉纤维中短绒、棉结、杂质等并使棉纤维伸直平行，是高支纱生产的重要工艺。精梳纱比重是衡量棉纺织产品质量提升的重要指标，2010 年我国精梳纱比重为 28%，比 2005 年提高 3 个百分点，2010 年我国精梳机台数已达到 37 145 台，是 2000 年精梳机台数的 2.8 倍。精梳机技术不断发展和成熟，通过不断优化运动机构、机械结构和集合精梳工艺来提高精梳机速度的可靠性、稳定性和效能，达到节约用棉、节约能源的目的。

（五）电子异纤清除装置

针对棉花有害异性纤维“三丝”问题比较严重的情况，越来越多的企业选择电子异性（色）纤维、杂物自动检测清除系统（简称异纤清除装置）来代替人工拣杂，异纤清除装置一般安装在清棉机后。

（六）纺纱用工数量大幅减少

国内环锭细纱用工平均水平大幅提高，使用劳动力人数已从 20 世纪 80 年代 300 人/万锭减少到 90 年代的 200 人/万锭，到 21 世纪头 10 年减少到约 70 人/万锭，21 世纪 10 年代减少到 50 人/万锭。当前，最先进纺纱生产线仅需工人 15～25 人/万锭，其中一些企业已使用机器人代替工人进行夜间值守。

三、棉纺线集中度、布局和转移

（一）棉纱线的集中度高

我国纱产量的集中度极高。2000—2019 年，前 10 个省份的纱产量占全国比例从 84.7%提高到 98.3%（表 5－2）。整体看，全国纱产量仍集中在沿海和中部地区。其中，前 3 省份占全国的比例变化在 42.9%～54.2%。与 2016 年相比，2019 年前 3 位出现重大变化，持续多年排在首位的山东降至第 3 位，取而代之的是福建。河南从第2 位退到第 4 位，江苏从第 3 位升到第 2 位。前 10 位增加了湖南和新疆，而四川和河北被挤出，其中西部地区的新疆为后起之秀，这是棉纺织业向新疆转移取得的结果。中部地区逐步成为集中产地，其中河南成为全国第二大棉纺织基地，湖北成为第五大棉纺织基地。湖南和安徽挤进前10位。

表5-2　棉纱线产量及分布

全国和前10省份	2000年/万t	全国和前10省份	2010年/万t	全国和前10省份	2016年/万t	全国和前10省份	2019年/万t
全国	358.1	全国	2 069.6	全国	3 732.6	全国	2 892.1
山东	62.6	山东	688.0	山东	867.9	福建	580.9
江苏	48.4	河南	389.9	河南	619.6	江苏	360.7
河南	42.5	江苏	313.7	江苏	536.9	山东	353.4
新疆	33.4	浙江	108.9	福建	484.7	河南	322.9
湖北	33.0	湖北	105.3	湖北	321.5	湖北	322.1
河北	29.0	河北	91.6	河北	222.1	新疆	209.2
安徽	18.6	江西	57.1	浙江	215.8	江西	160.7
浙江	16.0	湖南	53.7	江西	162.7	浙江	149.1
广东	11.1	安徽	45.7	四川	121.6	湖南	114.9
陕西	8.6	四川	44.2	安徽	114.9	安徽	90.2
前10省份产量合计/万t	303.2		1 897.9		3 667.7		2 664.1
前10省份产量占比/%	84.7		91.7		98.3		92.1

注：2019年数据不是最后统计数。

（二）向西北地区转移

2014年中央召开第二次新疆工作会议，国家从战略高度指出发展纺织服装业对于新疆发挥资源与区位优势、解决人口就业、促进经济发展和社会和谐稳定的重要意义，出台了《中共中央关于进一步维护新疆社会稳定和实现长治久安的意见》和《国务院关于支持新疆纺织服装产业发展促进就业的指导意见》等一系列重要文件，新疆地方政府大力落实中央战略部署，出台了《新疆发展纺织服装产业带动就业规划纲要（2014—2023 年）》。

为了实现目标，新疆全力打造“三城七园一中心”。“三城”即阿克苏纺织工业城、库尔勒纺织服装工业城和石河子纺织工业城；“七园”即哈密、巴楚、阿拉尔、沙雅、玛纳斯、奎屯、霍尔果斯；“一中心”即乌鲁木齐市纺织品国际商贸中心。

新疆纺织产能从 2014 年的 700 万锭增长到 2018 年的 1 800万锭左右，增长 157.1%。据国家统计局数据，2018 年新疆纱产量达到 184.5 万 t（其中新疆生产建设兵团纱产量 56.5 万 t），比 2014 年 44 万 t 增长了 3.2 倍；布产量 3.03 亿米，比 2014 年 0.65 亿米增长了 3.7 倍。2014—2018 年新疆规模以上纺织企业主要产品的生产能力如表 5-3 所示。

表 5-3 2014—2018 年新疆规模以上纺织企业主要产品的生产能力

项目	2014 年	2015 年	2016 年	2017 年	2018 年
化学纤维/万 t	64.30	58.00	73.50	77.15	106.75
棉纺锭（环锭纺）/万锭	435.29	467.56	771.46	1 006.59	1 187.66
气流纺锭（转杯纺）/万头	14.82	24.97	42.09	128.07	86.94
棉布织机/台	2 190	2 690	2 894	13 566	5 654

数据来源：《新疆统计年鉴》。

（三）向“一带一路”转移

2013 年 9 月和 10 月习近平总书记提出“一带一路”倡议，棉花种植业和棉纺织业积极响应。

我国棉纺织企业“走出去”的集中地区是东南亚地区，其中越南、马来西亚和柬埔寨是重点国家（表 5-4）。

表 5-4　中国出口越南、柬埔寨和马来西亚的纺纱机械数量

单位：台

年份	柬埔寨	马来西亚	越南
2011	3	109	1 187
2012	48	181	674
2013	59	317	1 901
2014	324	848	6 287

数据来源：中国纺织工业联合会统计中心。

据越南中国商会统计，2016 年中国进入越南企业约 1 400 多家，其中纺织业和鞋业有 120 多家，大型纺织企业有百隆东方、裕元集团、申洲国际、天虹纺织、华孚色纺、雅戈尔和鲁泰等，越南纱产量有一半为中国企业鲁泰、华孚色纺和雅戈尔所生产。百隆东方股份有限公司到2017 年注册资本 2.75 亿美元，兴建纺锭 2014 年 20 万锭，2015 年 40 万锭，2016 年 50 万锭，3 年合计纺锭达到 110 万锭。天虹纺织集团在越南的纱锭从 2013 年的 73 万锭增长到 2016 年的 125 万锭，生产棉纱线、牛仔线和化纤类纱线（见第二章）。越南劳动力基本工资，一类地区仅相当于我国的 1/3，人口红利正在释放。同时，企业承担的社保比例也不高。此外，中国纺织业进入越南还有先进纺织装备进口“零关税”、原棉和棉纱线进出口不受配额限制等优势，也没有进出口关税等。综合考量，越南具有贸易便利化和免关税等优势。

据了解，进入非洲投资兴建纺织服装业和植棉业是中国企业“走出去”第二个集中目的地。一些大型棉纺织企业计划进入非洲包括埃塞俄比亚、南非、乌干达、坦桑尼亚、马达加斯加和埃及等。2017 年 5 月无锡一棉与埃塞俄比亚签订项目意向，11 月正式签约，2018 年 1 月在埃塞俄比亚德雷达瓦国家工业园区举行生产基地投资开工典礼，兴建无锡一棉埃塞俄比亚纺织有限公司，项目投资总规模 2.2 亿美元，规划建设 30 万纺锭，分两期投资兴建，第一期于 2019 年上半年投产。此外，中国棉花种植主要进入中亚国家——乌兹别克斯坦、土库曼斯坦、塔吉克斯坦和哈萨克斯坦，同时也有棉纺织企业进入。

劳动力成本低是越南吸引外资和中国纺织业“走出去”的重要因素之一。2015 年，越南月薪 217 美元，仅为中国工人月薪的 26.1%，即约 4 个人月薪相当于我国 1 个人的月薪，这与我国改革开放初期相近。但是工资增长加快，2015 年比 2013 年增长 10.2%，与菲律宾的情景相似。印度尼西亚不仅月薪更低而且还在下降。相比之下马来西亚纺织业个人薪酬较高，而泰国约为我国的一半（表 5-5）。

表 5-5　2013—2015 年部分亚洲国家劳动力平均月薪

国家	货币	2013 年	2014 年	2015 年
新加坡	新加坡元（SGD）	4 622	4 727	4 892
	美元（USD）	3 695	3 731	3 558
马来西亚	令吉（MYR）	2 659	2 775	2 947
	美元（USD）	844	848	754
中国	人民币（CNY）	4 290	4 697	5 169
	美元（USD）	692	765	830

（续）

国家	货币	2013年	2014年	2015年
泰国	泰铢（THB）	12 003	13 244	13 487
	美元（USD）	391	408	394
菲律宾	菲律宾比索（PHP）	9 107	9 582	10 113
	美元（USD）	215	216	222
越南	越南盾（VND）	4 120 000	4 473 000	4 716 000
	美元（USD）	197	212	217
印度尼西亚	卢比（IDR）	1 917 152	1 952 589	2 069 306
	美元（USD）	183	165	155

四、棉纺织业发展面临问题

（一）国内外棉价差持续过大

2011—2014年，国内棉花市场价格在临时收储政策的支持下始终维持在18 000元/t以上的高位，并未有效反映纺织产业链的需求变化。同期，国际市场棉价则受需求疲软影响，总体呈震荡下行走势。国内外棉花价格差不断扩大，2011年高于国际市场的5 639元/t，2012年高于国际市场4 411元/t。如此大的价格差异，制约了棉纺织业生产、销售和运行，市场竞争压力及盈利水平下降问题突出。2016年以来，国内外棉花的价差逐渐缩小。

（二）国际竞争不断加大

2011年以来，随着国内外棉纱价差持续扩大，印度、巴基斯坦的纱线价格甚至低于中国国内329级棉花价格，中国中低档常规产品纱线不再具有价格优势。从棉纱线的进口看，从巴基斯坦进口量最大，占比超过 30%；其次是印度和越南。据 2011 年的数据分析，美国和巴基斯坦市场的棉纱价格均低于中国棉纱进口均价。

印度是棉花生产大国，棉纺织产业规模不断扩大。2010 年，印度棉和人造纤维纺织行业共有工厂 1 896 家，环锭纺数量为 3 853 万锭，转杯纺数量为 51.8 万个，织机数量 5.7 万台。纱线总产量 47 亿 kg，其中棉纱产量占到 74%；布匹总产量 625 亿平方米，棉布产量占到 51%。共有从业人员接近 100 万人。

巴基斯坦也是产棉大国之一。该国棉花产业链包括轧棉、棉纱制造、棉布织造、棉布染整、家纺、毛巾、睡衣以及成衣制造。2011 年，棉纺企业达到 521 家，环锭纺 999 万锭，转杯纺 11 万个。在出口中，棉花和棉机织物占 94%。

（三）国内综合成本持续上涨

影响棉纺织业生产的各项综合成本持续上涨，统计数据显示，2012 年中国制造业人均工资同比增长 14.7%；全年外出农民工人均月工资同比增长 11.8%。据企业调查情况，估计全年纺织行业人均工资涨幅在 10%以上。受人口结构变化影响，用工紧缺在纺织行业中已成为常态，用工成本将继续上涨。

中国棉纺织业在国际上的成本优势越来越不明显。据印度纺织工业部发布的 2009—2010 年数据分析，中国环锭纺纱的成本为 3.338 美元/kg，比巴西高 1.9%，比土耳其高 9.6%，比印度高 12.9%，比韩国高 3.2%；但比意大利低 21.4%。其中，中国原材料成本占成本比例的 61%，仅次于埃及，却比意大利高 20 个百分点，还比巴西、印度和韩国高 6～7 个百分点。中国转杯纺纱的成本为 2.568 美元/kg，比巴西高 8.8%，比土耳其高 19.7%，比韩国高 11.4%，但比意大利低 1.3%，其中原材料成本比意大利高 13 个百分点。

五、未来棉纺织业发展趋势

“衣食住行衣为首，丰衣足食衣在先”。2020 年以来，人民富裕程度普遍提高，生活质量明显改善，生态环境持续向好。居民纺织品需求进一步增长，满足居民日益增长的消费需求是棉花产业发展的根本目标，科学合理用好国内外两个市场和两种资源是中国推进国际化和市场化的有效途径。

第二节　棉花进口贸易

为了满足纺织加工的需要，中国还是全球棉花进口大国，其进口原棉经过加工形成纺织品和服装再出口，中国国产棉花能够满足居民的需求。

一、原棉进口贸易

加入世界贸易组织 15 年（2002—2016 年），我国累计进口原棉（税号 52010000）3 556.5 万 t，年均 237 万 t，占全球进口的比例为 28.3%；累计进口额 661.65 亿美元，年均进口额 44.1 亿美元。这 15 年，我国进口原棉的来源地常年 30 多个，其中 2013 年进口量最大，来源地最多达 64 个国家和地区。在所有进口来源地中，美国位居首位，印度其次，澳大利亚第三，乌兹别克斯坦第四，数量分别占来源地的 38.0%、21.8%、10.8%和 9.5%，4 国合计占 80.1%（表 5-6、图 5-4、图 5-5）。其中印度比例不断提高，美国比例不断下降。

表 5-6 加入世界贸易组织 15 年（2002—2016 年）**中国进口原棉来源地前 10 位**

国别	进口量/万 t	进口量比重/%	进口金额/亿美元	进口金额比重/%	进口均价/（美元/t）
中国	3 556.5	100.0	661.65	100.0	1 860.4
美国	1 352.1	38.0	242.89	36.7	1 796.4
印度	774.3	21.8	154.40	23.3	1 994.0
澳大利亚	384.7	10.8	80.93	12.2	2 103.7
乌兹别克斯坦	337.8	9.5	60.84	9.2	1 581.5
布基纳法索	106.1	3.0	18.05	2.7	1 701.2
科特迪瓦	90.1	2.5	19.19	2.9	2 129.8
贝宁	72.2	2.0	11.14	1.7	1 542.9
巴西	67.3	1.9	11.46	1.7	1 702.8
马里	59.2	1.7	10.58	1.6	1 777.0
喀麦隆	55.1	1.5	9.66	1.5	1 753.2
其他	251.5	7.1	41.51	6.3	1 650.5
前 10 位合计	3 298.9	92.8	619.14	93.5	

注：据《海关统计》2002—2016 年数据整理。因四舍五入尾数有差异，总数也有一定差异。

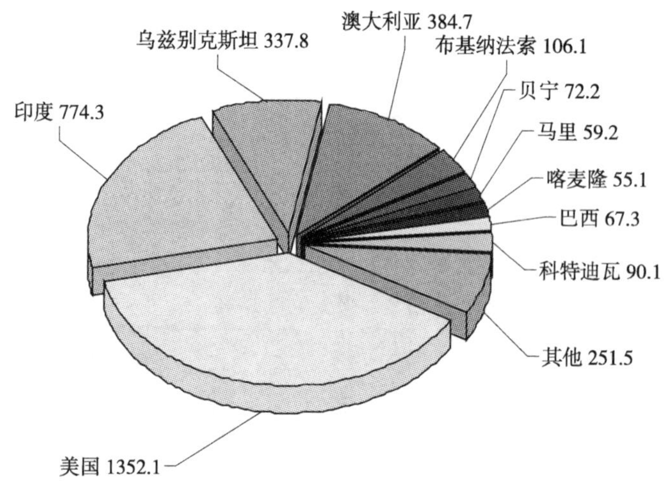

图 5-4　加入 WTO 后 15 年（2002—2016 年）

中国进口原棉 3 556.5 万 t 来源地

（数据来源：中国棉花生产监测预警数据）

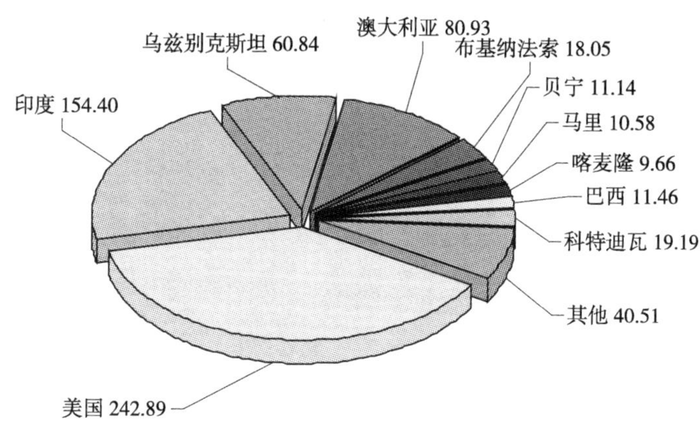

图 5-5　加入 WTO 后 15 年（2002—2016 年）

中国进口原棉金额 659.65 亿美元来源地

（数据来源：中国棉花生产监测预警数据）

在非洲，进口来源地多达几十个，其中西非国家占这15年进口总量比例的10.7%，其中以布基纳法索最大，所占比例达到3.0%；其次是科特迪瓦、贝宁、马里、喀麦隆。

从位于南美洲的巴西进口原棉所占比例提高到了1.9%。

近几年，中国原棉进口量大幅减少，2017、2018和2019年分别进口115.6万t、157.3万t和184.9万t。究其原因：一是国家“去库存”，2012—2013年临时收储量达到1 610万t，2017—2019年对库存原棉进行国内“拍卖”销售，3年“去库存”约800万t，减少了进口量；二是纺织原棉消费减少，2018年由于中美贸易摩擦，对美纺织品出口减少，进口原棉数量也随之减少。

1. 为什么需要进口棉 一是通过进口满足国内庞大的棉纺加工产能之需，这是进口的原动力。二是棉花价格“倒挂”形成强劲的进口推动力。2011—2013年国际棉价低于国内4 000～5 500元/t，进口国际低价原棉有利于降低生产成本。三是进口棉品质好于国产棉，形成进口的诱惑力，以致2013年以40%高关税进口原棉66万t。

2. 进口棉存在问题 大量进口棉花，出现许多新问题：一是数量上缺斤少两。二是降质或质量不稳定，如品级、长度、细度、强度和成熟度等稳定性差。三是含有植物检疫对象，还有其他有害杂物、霉烂和污染物等。四是掺杂使假，低级、劣质混杂。五是棉包不规范，包装不良、破损，包装材料不符，如部分采用塑料包装。六是贸易过程问题，如货物批次不清和包号不清，码单与实际货物不符等。

二、棉花进口配额

（一）市场准入量和配额分配

棉花市场准入量和配额分配是WTO谈判约定的规则。中国政府确定对进口棉花实行关税配额管理制度，在看好国门和免受冲击方面发挥了应有作用。

棉花市场准入量。棉花包括未梳原棉（not carded or combed，税号为5201）和已梳棉花（carded or combed，税号为5203）。中国市场准入的棉花，即关税配额棉花，是指未梳原棉和已梳原棉。关税配额量2002年81.85万t，2003年85.625万t，2004年为89.4万t，并一直延续至今。

对配额外进口棉实行高关税管理，设定约束税率2002年为54.4%，2003年47.2%，2004年40.0%，其中2004年40%的高关税也一直沿用至今。2003—2013年实际征收税率在3%～10%。

配额国有贸易公司经营比重和配额分配量。国有贸易公司经营比例为33%，即：2002年27万t，2003年28.2万t，2004年29.5万t。《中华人民共和国加入世界贸易组织议定书》指定国有贸易公司为4家，这4家公司分别是中国纺织品进出口公司、北京九达纺织品集团公司、天津纺织工业供销公司和上海纺织原料公司。

关税配额（tariff quota），又名关税比率配额，是指对规定数量内的商品进口征收较低关税，对于超过规定数量的商品进口则征收高额关税，这一规定数量就是所谓的关税配额量，而配额量实质上也就是最低的市场准入量。关税配额是在乌拉圭回合多边贸易谈判中，为解决部分敏感农产品的市场开放问题而建立起来的一种保护进口国有关农产品市场的措施，是继关税和进口配额之后发展起来的又一种进口限制手段。

在操作上，对配额外追加的数量和关税税率实行多部门协商制度，其中追加配额由国家发展和改革委员会牵头、滑准税税率由财政部牵头会商，参与方有农业农村部、中国棉花协会以及相关专家等。

在操作上对配额外进口棉实行滑准税或从量税制度。滑准税（sliding-scale duties）又称为可变关税（variable levies），是根据不同的国际市场价格水平制定不同税率的进口关税，即按照由高到低的国际市场价格设置由低到高的关税率，以使商品进口完税后保持在一个预定的价格标准上，达到稳定该种进口商品国内市场价格的目的，因此，滑准税也被认为是“最低进口价格制”（minimum price scheme）。

（二）配额外追加按滑准税计征关税

以 2012 年为例，滑准税计征公式如下：①当进口棉花完税价格高于或等于 14 元/kg 时，暂定从量税为 0.570 元/kg；②当进口棉花完税价格低于 14 元/kg 时，暂定关税税率按公式（5－1）计算：

$$Ri = 8.23/Pi + 3.235\% \times Pi - 1 \quad (Ri \leqslant 40\%) \tag{5-1}$$

式中：

Ri：暂定关税税率，对计算结果小数点后第 4 位四舍五

入保留前 3 位，且当 Ri 计算值高于 0.4 时，取值 0.4；

Pi：关税完税价格，单位为元/kg。

滑准税完税价格可以调整，2016 年提高至 15 元/kg。

2011—2013 年，由于国内价格高于国际市场过多，根据需要企业进口了不少 40%高关税税率原棉。

2002—2019 年棉花进口的配额和追加见表 5－7。

表 5－7　2002—2019 年中国原棉进口配额发放和使用情况

年份	关税内配额		增发量			实际进口量/万 t
	关税内配额/万 t	适用税率/%	增发量/万 t	适用税率/%	全部配额/万 t	
2002	81.850	1	0	—	81.850	18.0
2003	85.625	1	50	1	135.625	87.0
2004	89.400	1	100	1	189.400	191.0
2005	89.400	1	140	5～40	229.400	257.0
2006	89.400	1	270	5～40	359.400	364.3
2007	89.400	1	260	5～40	349.400	246.0
2008	89.400	1	260	5～40	349.400	211.5
2009	89.400	1	40	5～40	129.400	152.7
2010	89.400	1	100	5～40	283.800	284.5
2011	89.400	1	270	5～40	336.400	336.5
2012	89.400	1	251	5～40	541.000	513.7
2013	89.400	1	0	5～40	415.000	415.0
2014	89.400	1	0	5～40	89.400	244.1
2015	89.400	1	0	5～40	89.400	147.5
2016	89.400	1	0	5～40	89.400	89.4

（续）

年份	关税内配额		增发量			实际进口量/万 t
	关税内配额/万 t	适用税率/%	增发量/万 t	适用税率/%	全部配额/万 t	
2017	89.400	1	0	5～40	89.400	115.6
2018	89.400	1	80	5～40	169.400	157.3
2019	89.400	1	80	5～40	169.400	184.9

资料来源：石广生，2001；进口量数据根据各年《海关统计》整理。

第三节　棉纺织品出口贸易

一、棉纺织品出口额

2002—2019 年，我国棉制纺织品及服装出口额在 216 亿～1 015 亿美元，平均值 687.1 亿美元；占全国整个纺织品服装的份额在 27.5%～41.0%，平均值为 34.2%，中国棉制纺织品及服装可谓“十分天下有其三”（图 5－6）。

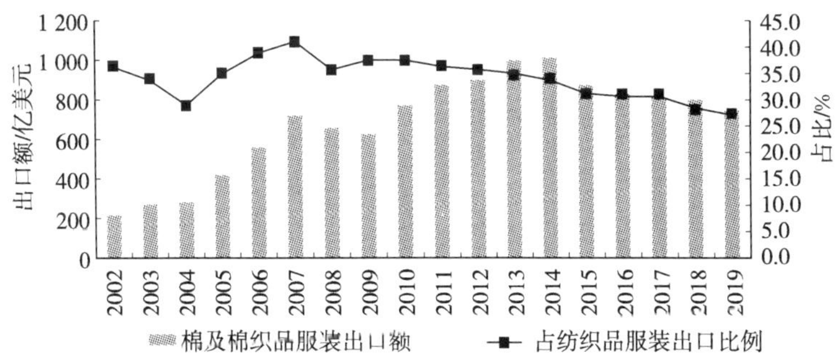

图 5－6　中国棉制纺织品及服装出口额及其占纺织品服装出口的比例

（数据来源：海关数据和中国纺织工业联合会数据）

2014 年棉制纺织品及服装出口额达到最高，为 1 015 亿美元，2015 年以来，受全球经济复苏缓慢和中美贸易摩擦等因素的影响，棉制纺织品及服装出口额和出口比例大幅减少。

二、主要出口目的地

中国纺织品包括棉纺织品出口全球 200 多个国家和地区。

据 2015 年有关数据，中国出口美国占美国纺织品市场份额的 38.6%，占中国出口额的 16.8%。中国出口欧盟占欧盟市场份额的 36.8%，占中国出口额的 18.6%。中国出口日本占日本市场份额的 64.5%，占中国出口额的 7.6%。中国出口东盟国家占东盟国家市场份额的 8.9%，占中国出口额的 12.1%。

近几年中国对美国、欧盟和日本的纺织品出口量在减少，所占市场份额有所降低，但对东盟和“一带一路”沿线国家和地区的出口在增长。2017 年，我国对“一带一路”沿线 64 个国家的出口额累计达到 914.7 亿美元，同比增长 2.9%，出口所占比例提高到了 34.1%。

第六章 中国棉花产业特点与人类农业文明发展的启示

“衣食住行衣为首，丰衣足食衣为先”，可见穿衣在人民日常生活中的重要地位。

经过70多年的发展，如今中国已形成产业结构完整、产业配套齐全和产业链条长的纺织大产业，已成为全球棉花生产大国、棉纺织品制造大国、纺织品服装居民消费和出口大国。

第一节 棉花产业特点及在国民经济中的地位

一、中国棉花产业特点

（一）棉花产业呈现结构完整和产业链条长的特点

棉花产业包括植棉业、棉花流通加工业和棉纺织业，这三个产业相互关联，但又是隶属不同政府部门管理、各自相对独立的产业。植棉业承担着原棉的原料生产，有千千万万的农民参与，是产业的基础、第一车间，位于产业链的前端；棉花曾是国民经济的战略物资，可见植棉业的地位极其重要。棉花流通加工业承担着籽棉的初级加工，包括收购、分级、轧花、质量标准、价格和原棉流通等诸多环节，是过程、第二车间，位于产业链的中端，连接着农村与城市、农民与工人，是市场调节的主要抓手。棉纺织业包括纺纱、织布、印染和成衣等工艺流程，承担着棉纺织品服装的制造，是终端产品、第三车间，位于产业链的后端，保障纺织品的生产、居民消费和出口创汇。

（二）棉花产业呈现“三型”特点

中国棉花产业是劳动密集型、技术密集型和资金密集型的大产业。

植棉业用工多，当前棉花种植单位面积需工 255 人/hm^2，比同季节的水稻、玉米高 4.7 倍。棉花收购、加工仍需安排较多劳动力，一个籽棉 5 000t 的中等企业，收购加工季节需工人约 150 人。棉纺织业用工也很多，每万纱锭用工仍在 150 人以上，为社会提供大量就业岗位。植棉业技术密集程度极高，棉花生产所采用的育苗移栽、地膜覆盖、化学调控、间作套种等大多为蔬菜所采用技术。植棉业投入资金大，单位植棉面积现金投入是粮食作物的 2 倍多。

（三）棉花产业是国计民生的基础产业

中国棉花产业是一个关系国计民生，深度融入国际化并具有比较优势和竞争力的基础产业。

棉花是中国的主要经济作物，是纺织工业的主要原料；棉花副产品——棉籽油是中国的第三大国产食用植物油脂，棉花主产品产值高于粮食 10 倍。植棉业关系着产区 1 亿多农民的经济收益；棉花流通加工业涉及几十万就业和经济收入；棉纺织业是传统优势产业，关系着 2 000 多万纺织产业工人的就业及城镇化进程，关系着 14 亿多居民的衣着丰富多彩。中国纺织品服装出口全球 100 多个国家和地区，占全球市场份额的 30%以上；棉花进口占全球市场 32.2%。因此，中国棉花产业发展关系着全球棉花生产、消费和国际大市场，在国际经济中也有着举足轻重的地位。

二、中国棉花产业发展进程和关键时期

中华人民共和国成立于 1949 年 10 月 1 日，从此之后中国棉花产业发生了翻天覆地的变化。梳理中国棉花产业 70 多年发展历程，大致可划分为四个阶段：

（一）第一阶段

1949 年中华人民共和国成立后。由于帝国主义的侵略、官僚资本主义的压榨剥削及战争摧残，1949 年前后，中国农业生产凋零，工业基础薄弱，生产停滞不前，居民衣不裹体、饭不饱肚，生活水平极低。1949 年全国植棉面积 277 万 hm^2，棉花单产 165kg/hm^2，总产 44 万 t。籽棉加工设备和工艺均为“土法”。棉纺纱锭 500 万锭，棉纱产量33 万t，人均棉布消费量不足 8 尺①（约 0.8kg）。

（二）第二阶段

20 世纪 50 年代到 70 年代，中国棉花产业有了长足进步。国家实行计划经济，制定和出台了一系列“以粮保棉”政策措施，大力发展棉花生产，保障供给，30 年间皮棉总

① 尺为非法定计量单位，1 尺=1/3m。——编者注

产从150万t级提高到200万t级。棉纺织工业由小到大，又因三年困难时期、“大跃进”运动和“文化大革命”，长期处于徘徊状态，轧花加工由国产5571型锯齿轧花机取代“土法”，并逐步实现机械化作业。棉纺纱锭从1950年的500万锭缓慢增长到1981年的1 893.5万锭，年均增长率4.39%；同期棉纺产量从32.7万t增长到317万t，年均增长率7.60%。为了保障居民衣着的改善，1953年出台布票管制政策，人均棉布消费量从1952年的16尺（约2kg）提高到1979年的23尺（约3kg），居民穿着为“新三年，旧三年，缝缝补补又三年”的贫困型。为了冲破帝国主义封锁，在国民经济诸多产业中，国家选择棉花产业作为换取外汇的产业，1978年出口24.3亿美元，占全国货物出口总值的绝对比例。这一阶段我国贸易为进出口调节国。

（三）第三阶段

20世纪80年代到90年代，中国棉花产业迎来第一个快速发展时期。国家计划经济体制从计划向市场转变，制定和出台了一系列“以粮保棉”政策措施，大力发展棉花生产，保障供给，面积、单产和总产跨上第一个高台阶，皮棉总产上升到400万t级。1983年全国棉花丰收，皮棉单产达到762kg/hm^2，成为我国跻身世界先进植棉大国行列的标志，从此结束了棉花的短缺史；也是这一年全国取消了布票，从此结束了长达29年的棉纺织品管制史。1984年全国棉花产量首次突破600万t达到632万t，创当时的最高总产。这一时期居民穿着消费为“新两年，旧两年，缝缝补补又两年”的6年温饱型，很快过渡到年年更新的小康型。棉花轧花引进美国先进加工成套设备，并实现机电一体化。棉纺织工业在徘徊中也跨上第一个高台阶，棉纺纱锭从 1981 年的1 893.5 万锭增长到 2000 年的 3 353 万锭，年均增长率为 3.05%；同期棉纱产量从 317 万 t 增长到 660 万 t，年均增长率为 3.94%。90 年代，棉纺加工设备开展了自主创新和研制，取得了国产清梳联装备和自动络筒机的制造成果。

针对棉花市场的高度垄断，1999 年国务院出台棉花流通流域的第一个改革方案——“一放二分三加强，走产业化经营的路子”。“一放”，即放开棉花收购，打破垄断经营，是改革的核心，也是鼓励有序竞争、发挥市场调节作用的根本前提。“二分”，即实行社企分开、储备与经营分开，实质上就是深化棉花收购、加工和流通企业改革，使其真正成为自主经营、自负盈亏、自我发展、自我约束的经济实体，是这次改革的关键。“三加强”，即加强国家宏观调控、加强市场管理和加强质量监督。这是放开市场之后，促进供求基本平衡、维护市场秩序、确保质量的重要保障。

棉花贸易仍为进出口调节国，原棉和棉纺织品服装进出口量增长很快。

（四）第四阶段

21 世纪至今，中国棉花产业迎来第二个快速发展时期。

1. 在植棉业，依靠科学兴棉，总产跨入 600 万 t 级的高台阶 棉花单产水平大幅度提升，从 2001 年的1 107kg/hm² 提高到 2017 年的 1 699kg/hm²，增幅高达 53.5%，表明棉花核心竞争力增强。

迄今，中国棉花总产占全球的 25%，业已成为全球棉花总产量最多的国家，但自 2016 年起被印度接替。植棉面积占全球的 15%，仅次于印度（占全球的 27%），位居全球第二。皮棉单产比全球平均水平高 70.0%，仅次于巴西，位居全球产棉大国（除中国外还有印度、美国、巴基斯坦、乌兹别克斯坦）第二。

2. 继续深化流通加工业改革　继续贯彻 1999 年国务院“一放二分三加强”方案，棉花收购企业脱离了国家棉麻公司的管制，在竞争中业已成为棉花市场的主体；棉花加工企业规模日益扩大，籽棉轧花加工工艺采用自动化、信息化、智能化和规模化技术，一批收购加工籽棉 5 000t 以上的大中型企业应运而生；2011—2013 年仪器化检验占产量的 80%，2016 年提高到 90%。

3. 棉花价格由市场形成，市场调控能力不断增强　棉农籽棉售价从 2001 年的 3.0 元/kg 提高到 2011 年的 7.83 元/kg，年均增长率为 10.07%；皮棉价格从 2001 年度的 8 676 元/t 提高到 2011 年度的 17 597 元/t，增长了 1 倍多。受国内外市场和气候异常的双重影响，年际波动都很大。针对 2008 年的国家金融危机，国家出台了 12 600 元/t 的临时托市收购价，2011 年度提高到 19 800 元/t，2012—2013 年提高到 20 400 元/t，临时收储政策有效稳定了棉农的收益预期，保护了棉农的利益。

4. 棉纺织业迎来第二个黄金发展时期　棉纺纱锭从 2001 年的 3 548 万锭增长到 2017 年的 12 000 万锭，年均增长率为 7.91%。棉纺产量从 2001 年的 760 万 t 增长到 2016 年 3 732.6 万 t，年均增长率高达 11.19%。但是，近几年棉花加工能力明显减少。更新改造的棉纺织中高档设备，提高了自动化和连续化技术水平，新型纺纱设备和工艺使产品更加精细化、自动化和智能化，“三无一精”产品比重得到较大提高。

5. 消费步入中等水平，居民衣着丰富多彩、靓丽俊俏

2013 年全国居民纺织品服装消费首次突破万亿元达到 11 414.3 亿元，同比增长 10.7%。居民纺织品消费 17kg/年，跨入中等发达国家消费水平的行列，人均消费从 1980 年的 2.96kg 增长到 2013 年的 17.0kg，年均增长率 5.44%。2015 年居民纺织品表观消费量达到 20kg/人，达到中等发达国家的消费水平。如今居民衣着服装消费为一年四季、季季更新的充裕奢侈型，穿着时髦、舒适、华丽和高贵，纺织品也由服装用向家庭用和产业用转变。

6. “大进大出”贸易格局，“衣被天下” 中国是棉花贸易大国，进口原棉占全球比例高达 32.2%，最高年份达到 64%。中国是全球纺织品出口大国，“衣被天下”，温暖全球。中国纺织品服装出口额从 2001 年的 532.8 亿美元增长到 2013 年的 2 840.7 亿美元，年均增长率达到 14.97%，纺织品服装出口占 2013 年全国货物出口总值的 12.9%。2013 年，纺织品服装贸易顺差 2 570.8 亿美元，同比增长 11.5%。2013 年全国货物贸易总顺差为 2 597.3 亿美元，纺织品服装占全国货物贸易总顺差的 98.9%，即纺织品服装仍为全国货物贸易净顺差的最大贡献者。2014 年纺织品服装出口创新高，达到 2 984.9 亿美元，但是 2015 年和 2016 年连续 2 年大幅度减少，2017 年止跌回稳，出口额 2 669.5

亿美元，比2016年略增1.53%。

这一时期，中国成为全球最大棉花净进口国，最大纺织品服装出口国。

三、中国棉花产业发展展望

中国棉花产业将以绿色可持续发展思想为指导，实行资源节约型、环境友好型生产，走绿色发展道路，做大做强棉花产业。棉花生产、纺织品服装制造无论是居民消费还是出口都将由中低端转向中高端，这是一种必然的发展趋势。

第二节 人类农业文明发展及启示借鉴

一、人类农业文明发展进程

（一）原始农业

原始农业对土地不灌溉、不施肥，只向自然索取而不补偿，土壤营养的平衡完全依赖自然植被的自我恢复。最初是简单模仿自然界植物生长过程，进行播种和收获。后来进入刀耕火种阶段，耕种者的住所简陋，年年迁徙。劳动对象极大丰富，而劳动能力相对不足，生产资料私有制没有生存土壤。到了石器锄耕阶段，人们的住处相对稳定下来，形成村落，末期出现生产资料私有制。原始农业时代持续了8 000年左右。

（二）传统农业

传统农业在向自然索取的同时，也通过灌溉和施肥给予一定的补偿，以靠天吃饭为主。基本特点是没有农村市场，农业没有经济积累，农民没有自主生产能力，农业没有形成自我发展能力。中国传统农业从夏代开始一直到 20 世纪 70 年代末，持续了4 000 年左右。

（三）石油（化肥）农业

自 20 世纪 80 年代以来，全球进入石油农业时代。这时农业开始大量使用化肥、农药、除草剂、地膜、柴油和灌溉水等石油化学品。同时，农业基础设备和设施逐步增加，电力、道路和运输、加工机械设备等农业基础设施逐步形成，基本构建起农业及其产品的产业链，科技渗入农业及其产品的全过程。农业结构具有自我调整和调节能力，科技对农业支撑能力也在逐步加强。农户、家庭农场有积累，为生产发展提供资金支持，这时基本形成自我发展能力。

（四）现代农业

当前发达国家正处于现代农业时代。特点是，用现代装备武装农业，通过增加投入改造农田环境，农业生产和农产品加工实行机械化、电气化作业，农田灌溉自动化，控温控水的设施农业形成规模，种植、收获、加工、销售采用计算机决策和辅助管理。科技支撑能力增强，用生物技术改造和提升石油农业是当代农业科技进步的显著特点，最具代表性的是转基因技术和杂种优势利用。同时，农业生产和农业产业已有一定积累，具有改善环境条件的能力，农业及其产品逐步增强应对市场化和国际化的能力。特别是在美国等发达国家对农业实行全方位支持和保护的背景下。

中国自 21 世纪进入现代农业时代，中国使用联合收割机替代镰刀收获小麦，自20世纪90年代末期开始，总共花了20年时间才完成机械化进程。

（五）知识或智慧农业时代

全球下一个农业时代将是知识农业或智慧农业时代，发达国家正在大力研究开发，且有一定的科技储备，正从研发走向应用。

知识农业时代的基本特征：农业消耗较少的耕地和水资源，投入较低的石油化学品，需要更少的劳动力和更轻型的劳动，依靠新知识和高技能生产出更多的优质农产品。例如，以色列设计出昼夜可以生产的绿色工厂，生产效率比大田农业提高了3倍多。

中国设施农业正在走向知识农业，其中智慧大棚种植依靠先进科技和现代装备实现了对生长环境的完全控制，生长周期大大缩短，水肥等化学品投入减少、利用率提高，生产效率更高，产出比大田种植提高了好几倍。据调研数据，在华北地区，一个1 000米^{2}大棚需要管理人工费用1万元，采用智慧农业可以节省80%以上。

中国知识农业需要完成研究到应用的发展阶段。用5G（第五代移动通信技术）和物联网（物联网是新一代信息技术的重要组成部分，即物物相连的互联网）等智慧农业技术提升棉花智能化水平，打造现代精准农业，实现棉花的提质增效、绿色发展和植棉的现代化（图6－1）。

智慧棉花系统由中棉所李亚兵团队于1999年11月研制完成，整个系统由云平台（数据处理器和储存器，类似于人的大脑），数据库和作物管理模型，天（气象、大气环境，

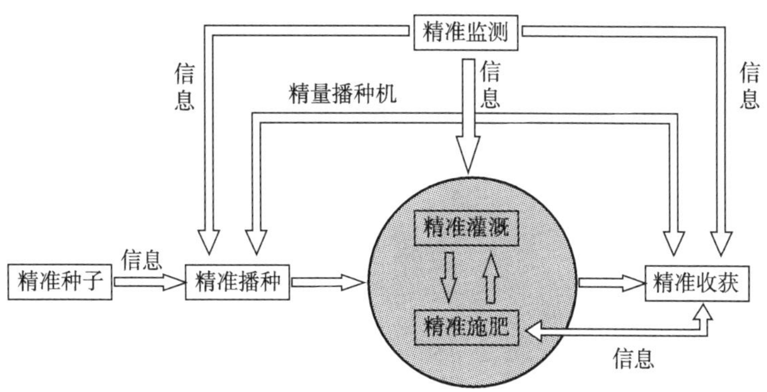

图 6-1 精准农业核心技术集成

（资料来源：胡兆章，田笑明，2019）

作物群体气候）地（土壤环境）的数据采集、传输和控制系统组成（图 6-2）。

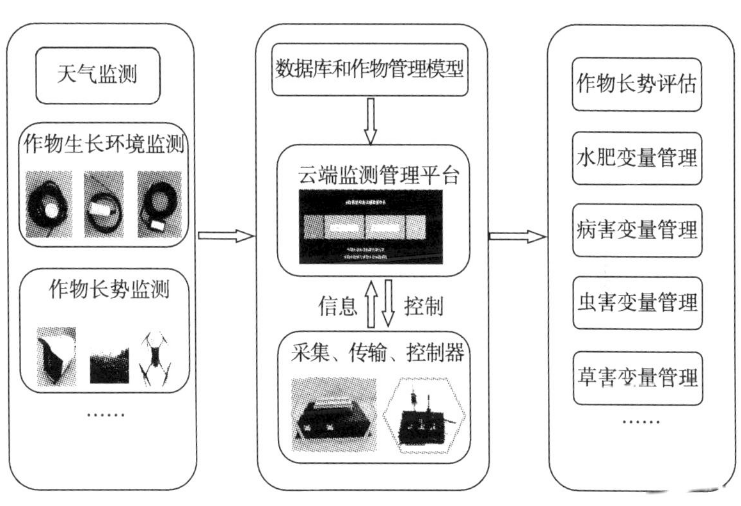

图 6-2 智慧棉花系统

（资料来源：中棉所李亚兵团队 1999 年绘制）

棉花智能化管理技术的主要优点：①快速获取天地和作物长势信息，效率高；②自学习能力强大，拟合性能好，适应性广；③主件自主研发，成本低，操作简单；④可移动、可固定。

主要功能：一是随时了解棉田的土壤水分、养分含量及其变化，自主控制施肥和灌溉；二是随时了解棉花病虫草发生危害情况，指导病虫草防治；三是一套系统可以管理很大面积，可以是一个区域或全国的棉花；四是智慧棉花可以显著提高劳动生产率和资源利用效率。

二、启示和借鉴

（一）棉花的经济性特征

关于棉花经济属性，在中国不同时期有许多脍炙人口的标语和评价。“要发家种棉花”，是20世纪80年代山东省鼓励植棉的宣传口号和墙上标语，1984年山东省棉花播种面积达到171.2万 hm^2，创立新高，是当时全国最大的产棉省。“棉麦一起抓，重点抓棉花”，是20世纪90年代河南省棉花生产会议的代表发言，河南省成为全国第二大产棉省。“种棉花打了个翻身仗”，团里一年小变样，两年大变样，三年奔小康，这是作者2007年6月在新疆生产建设兵团第四师考察时的所见所闻，如今新疆是全国第一大产棉省份。

棉花种植之所以受到重视，是因为棉花生产能够显著提高棉农的经济收入，在国家棉花市场和价格政策调控方面，通常按棉粮1∶8的比价进行政策安排，足见棉花经济地位的重要性。第一，棉花是典型的劳动密集型大田经济作物，植棉为农民提供大量的就业岗位，单位面积的用工多而单位劳动的回报率也高，符合高投入高回报的经济规律。第二，棉花是高效益的经济作物，2000—2016 年棉花生产平均收益 6 133.1 元/hm^2，正常年景棉花生产收益在7 500 元/hm^2左右。在棉花集中产区，20 世纪 80 年代的湖北省、江苏省、安徽省和山东省等，90 年代的河南省、河北省和山东省等，21 世纪的新疆和甘肃河西走廊产区，农民收入的50%～60%来自棉花，特别是在新疆南部的集中产区，农民收益的 80%来自棉花。第三，棉花的产值高。2009—2016 年，全国棉花播种面积从 494.87 万 hm^2 下降到 334.47 万 hm^2，年均下降 5.44%，占农作物播种面积的比重也从 3.12%下降到 2.00%。但棉花产值总体在提高，2016 年棉花产值为 1 467.29 亿元，约占农业总产值的 3%。第四，棉花生产的乘数效应大。棉花生产使用的化肥、农药、地膜和种子量大，对拉动农业生产资料生产、运输和消费的作用特别强大，集中产区农资商业贸易十分活跃。第五，棉花是商品率极高的大田经济作物。1999—2008 年，全国棉花商品率平均达到 94.0%，2009—2016 年的商品率更是高达 99%以上。因此，棉花在“农民必须富”和“美丽中国”建设中大有可为。

（二）对非洲农业和棉花的启示

西非是全球重要的棉花产区、非洲棉花的集中产区，这是因为棉花是西非乃至非洲国民经济的重要支柱，是棉区农民经济收入的主要来源。因此，棉花在非洲被誉为“白色黄金”，安哥拉、津巴布韦、乌干达和坦桑尼亚等国家的国徽里都镶有棉花或棉桃的美丽图案。

非洲常年植棉面积 6 000 多万亩，面积占全球的 13%；总产 150 万 t，仅占全球的 7%，单产低于全球平均水平的 50%。由于非洲棉纺业落后，自用棉的比例很低，因而非洲是全球重要的原棉出口地，也是中国原棉进口的主要来源地之一。

从全球来看，近 40 多年西非和非洲大陆棉花种植面积在减少，单产水平长期处于徘徊状态，并在徘徊中缓慢下降，原因有很多，棉花种植技术处于全球现代农业的边缘化境地是主要原因之一。

非洲，特别是撒哈拉沙漠以南地区是全球最不发达国家的集中区域，发展棉花生产对非洲国家和农民具有重要的战略意义。中国长期援助非洲，“中非合作论坛”的举行始于 2006 年，迄今已有 15 年，2015 年中国政府在约翰内斯堡发表了国家政府间指导性文件《中国对非洲政策文件》，提出“助力非洲农业现代化，提升棉花等特色产业的国际竞争力，增加收入，改善农民生活”。但是，从何处着手援助非洲农业和棉花，既是重要的工作方法问题，也是援助非洲能否取得成效的关键，更是非洲农业自我发展道路的选择问题。回顾分析人类农业发展的几个重要阶段，或许能够提供一些参考、借鉴。

据作者 2003 年、2004 年和 2012 年对东非、中非和西非多地多次的考察，从整体看，当时非洲农业还处于传统农业时代，虽然也有一些外来资本举办的现代农场，但还有不少原始农业时代的痕迹。有关非洲农业起步、振兴和援助非洲农业和棉花的思路和对策措施，作者曾在《当代全球棉花产业》（毛树春、李付广主编，中国农业出版社，2016）中有过专门论述，主要内容如下：

1. 主要思路 基于西非和非洲的农业基础条件、农民基本素质、农村基本经济体制度和科研能力，提高棉花竞争力的关键是提高单产水平，只有提高单产才能使增加农民植棉收入的预期和愿望得以实现，才能使以农户为基本经营单位的家庭经济有所积累成为一种可能，才能逐步进入农民自主增加投入和自主发展的良性循环。“要发家种棉花”是20世纪80年代中国棉区农村的墙上标语口号，种棉花是农民增加经济收入的有效途径之一。

加快传统农业的振兴和发展步伐，使用好农具和中小型农机具是重要的必不可少的步骤。在农村要有铁匠铺和铁匠打制各类农具，能够使用煤和电，要有简单的农机具制造、维修和配件（套）功能，这样农户才可能有多种实用农具和中小型农机具。为此，国家要兴办一些农业生产资料制造工业，要培训农民的专业知识和技能，只有这样才能逐步提升农业发展能力，提高农业产出，非洲农业和棉花的振兴和发展才有更大希望。

关于兴办必要的农业生产资料制造工业，可以通过援助或引进外资等途径予以解决。

2. 主要对策 借鉴中国20世纪50年代到60年代勤劳致富经验，提高单产的思路是增加人工投入，基本途径是改粗放管理为相对精细管理，关键措施是提高农艺管理技巧，借鉴和利用中国的精耕细作经验，把人力资源优势转化为生产要素优势，把耕地多的优势转化为产量优势，并借助良种、石油化学品、实用农具和农机具。通过科技援助，办好试验区。同时，应有效提升科研基础水平，把传统科技逐步引向现代科技，逐步走到科技兴棉、科学种田的轨道上来。其中，我国对非洲援助应列入农业科研重要项目，支持国家科研机构与相关国家开展农业科学试验研究，并把培养非洲农业科研人才列入重要内容。

通过农业技术援助，逐步改变人的思想，培养人的技能，改变传统农业和植棉的习惯，提高单产水平。从 20 世纪 50 年代到 60 年代中国的实践来看，当期应用几项传统技术措施，棉花单产就能得到大幅度提高，这些传统技术包括增加密度和全苗技术、中耕锄地、整枝打顶、积肥和增施农家肥。如果加上采用低成本的缩节胺调控技术、优良品种和优质精加工种子，单产将可能提高得更多，落实这些传统技术的关键是增加劳动力投入，同时应有必要的辅助生产资料——农具和农机具、农药和化肥。

通过农业援助缩短非洲国家进入石油农业时代的时间，并逐步渗透现代农业技术，逐步用现代农业设施装备农业，逐步培育现代农业人才。农业和棉花援助应以改造和提升传统耕作和农艺管理为主要抓手，逐步渗透石油农业才能相得益彰，否则将会因噎废食。

提升轧花加工业竞争力要走国家自救和市场结合之路，机制创新和能力提升同等重要，应同步推进。首先要根据国情采用不同的企业运行体制和机制，通过国家投入剥离沉重债务，解决机构臃肿问题，明确加工企业的职责。在此基础上，通过引进内外资，重组企业，兴建加工企业，更新改造设备，可以形成具有竞争力的轧花加工产业。

棉纺织业要通过资源的全球化配置，让民族服装及其当地品牌获得生存能力，逐步增加自用棉比例，把棉花资源优势逐步转化成纺织服装产品和市场优势。中国一些棉纺织企业已进入埃塞俄比亚等非洲国家发展棉花种植和棉纺织业。

援助非洲农业，要把援助非洲的棉花科研工作包括基本条件建设、必要仪器设备购置和经费支持纳入重要议事日程，更要把培养非洲棉花科技人才作为援助工作的重点内容，通过合作开展棉花育种、土壤肥料、耕作栽培和植物保护等技术研究，对提高当下生产力会有更多帮助。

以上或许对我国援助非洲的路径选择具有参考价值。

（三）对亚洲农业和棉花的启示

亚洲是全球最大的棉花产区（见第二章）。但是，亚洲棉花生产技术差异悬殊，品种、耕整地、播种、管理和收获技术措施千差万别。投入不足和科技水平跟不上是突出问题，增加投入不断改善农业生产条件特别是提升灌溉排水能力是提高棉花单产的最有效措施。引进实用农机具、栽培管理技术措施可以提高生产力。

1. 引进实用农具 农具和农机具是农业生产条件的基本体现。中国有许多农具具有适应性和制造简单的特点，其中，锄头可以中耕除草，铁耙、铁锹、竹制箢配合扁担可以积肥、运肥，木质水桶配合扁担可以提水，镰刀可以收割小麦、水稻等，都极具实用性。这些农具由铁匠铺打造而成，成本低，制作工艺简单。所以说，在传统农业时代需要有铁匠这个帮手。还有背负式喷雾器、电动喷雾器等施药机具，制造工艺都不复杂。2011 年，作者考察了西非马里、乍得和贝宁等国家，在贝宁见到一个村镇有一家铁匠铺打制、修理农具和家庭生活用具，很是令人欣慰。

2. 引进实用农机具 小型动力机有拖拉机和更小型的手扶拖拉机，中型有“东方红”品牌的系列拖拉机，可以运输和带动许多农机。耕整地机具包括犁、耙、播种机、收割机以及运输的车斗等。喷雾器有弥雾机、中型有机带喷雾机等多种类型。中国制造的采棉机成本低、机型小，适合小规模棉田作业。籽棉加工轧花及棉花种子脱绒、包衣、包装等成套设备要属中国制造先进，具有实用性和成本适宜的特点。

3. 引进棉花新品种 比如转 *Bt* 基因抗虫棉、杂交种增产效果显著。中国种植转基因抗虫棉单位面积节省农药实物量达到 $15kg/hm^2$，在病虫害综合防治和保护农业生态环境中发挥着积极作用。杂交种在越南开展了试验示范，效果较好。但是，这些品种在引进之前需要做试种、示范和生产性试验，以检查生态和栽培措施的适应性，了解其优点和不足，避免大量引种造成减产的损失。

4. 引进实用栽培管理措施 许多在中国行之有效的传统技术包括积造农家肥、收集人畜粪尿，发展家庭养猪、养鸡等都是积造优质农家肥的好办法。还有挖塘泥铺棉田地面，一方面可以改良农田输水和蓄水能力，另一方面可以改良棉田土壤并提供养分，适合东亚人多地少地区。

5. 引进先进栽培技术 育苗移栽、地膜覆盖和化学调控是中国棉花栽培的基础性、关键性技术，其中，育苗移栽是绿色生产技术，节省用种量，保苗成苗效果好，制造工具简单，投入少，可复制和应用。缩节胺化学调控的投入也很少，成本低，使用方法不复杂，效果好，已在很多国家推广应用。这些技术措施对人多地少的越南、柬埔寨、孟加拉国、印度尼西亚等具有良好的借鉴作用。

在中亚，乌兹别克斯坦、吉尔吉斯斯坦等正在引进新疆耕整地、播种、施肥等农机具，地膜覆盖和膜下滴灌技术已进入生产应用，能够节省灌溉水、提高水资源的利用率，并能够大幅度提高单产水平和改良品质，促进农民增产增收的效果极为显著。

参考文献

本书编写组，2017. 党的十九大报告学习辅导百问［M］. 北京：党建读物出版社，学习出版社.

国家统计局，2019. 关于2019年棉花产量的公告［EB/OL］.（2019-12-17）. http：//www. stats. gov. cn/tjsj/zxfb 201912/ t20191217 _ 1718007. html.

李付广，袁有禄，2013. 棉花分子育种学［M］. 北京：中国农业大学.

毛树春，李付广，2016. 当代全球棉花产业［M］. 北京：中国农业出版社.

毛树春，李亚兵，2017. 中国棉花景气报告2016［M］. 北京：中国农业出版社.

毛树春，李亚兵，董合忠，2019. 中国棉花辉煌70年［J］. 中国棉花，46（7）：1-14.

毛树春，谭砚文，2013. WTO与中国棉花十年［M］. 北京：中国农业出版社.

石广生，2001. 中国加入世界贸易组织知识读本：世界贸易组织基本知识［M］. 北京：人民出版社.

推进“一带一路”建设工作领导小组办公室，2019. 共建“一带一路”倡议：进展、贡献与展望［EB/OL］.（2019-04-23）. http：//www. qstheory. cn/zdwz/2019-04/23/c _ 1124401791. htm.

王立志，2020. 中-乌棉花“一带一路”联合实验室仪器设备“出国”［EB/OL］.（2020-06-03）. http：//www. cricaas. com. cn/bsxw/235880. htm.

中国纺织工业联合会，2018. 2017/2018 中国纺织工业发展报告［M］. 北京：中国纺织出版社.

中国农业科学院棉花研究所，2003. 中国棉花遗传育种学［M］. 济南：山东科学技术出版社.

中国农业科学院棉花研究所，2019. 中国棉花栽培学［M］. 上海：上海科学技术出版社.

中华人民共和国国家标准，2012. 棉花 第 1 部分：锯齿加工细绒棉［S］. 北京：中国标准出版社.

中华人民共和国国家标准，2012. 棉花 第 2 部分：皮辊加工细绒棉［S］. 北京：中国标准出版社.